AF881713

JÖRG JANICKI

Aktuelle arbeitszeitrechtliche Probleme und der Entwurf des Arbeitszeitgesetzes

Schriften zum Sozial- und Arbeitsrecht

Band 115

Aktuelle arbeitszeitrechtliche Probleme und der Entwurf des Arbeitszeitgesetzes

Von

Jörg Janicki

Duncker & Humblot · Berlin

Die Deutsche Bibliothek – CIP-Einheitsaufnahme

Janicki, Jörg:
Aktuelle arbeitszeitrechtliche Probleme und der Entwurf des Arbeitszeitgesetzes / von Jörg Janicki. – Berlin : Duncker und Humblot, 1992
(Schriften zum Sozial- und Arbeitsrecht ; Bd. 115)
Zugl.: Berlin, Freie Univ., Diss., 1991
ISBN 3-428-07480-7
NE: GT

Alle Rechte vorbehalten
© 1992 Duncker & Humblot GmbH, Berlin 41
Fotoprint: Werner Hildebrand, Berlin 65
Printed in Germany

ISSN 0582-0227
ISBN 3-428-07480-7

Vorwort

Diese Arbeit wurde im Sommersemester 1991 dem Fachbereich Rechtswissenschaft der Freien Universität Berlin als Dissertation eingereicht. Rechtsprechung und Literatur sind bis Juli 1991 berücksichtigt.

Die thematische Anregung ging von Herrn Prof. Dr. Klaus Adomeit aus, dem ich für seine Betreuung und Förderung danke. Sein Interesse an der Verbindung von juristischer Theorie und wirtschaftlicher Praxis hat die Ausarbeitung geprägt. Herrn Prof. Dr. Jochem Schmitt danke ich für die Zweitkorrektur.

Besonderer Dank gilt Herrn Dr. Dietrich Flugs, ohne dessen Verständnis und Unterstützung die Fertigstellung der Dissertation nicht möglich gewesen wäre. Für die praktische Hilfe beim Erstellen der Abgabeversion danke ich Herrn Rechtsanwalt Matthias Rößle.

Ich widme die Arbeit meinen Eltern, Brüdern und Frau Rechtsanwältin Katja Ahlers, die mich bei der Erstellung durch Rücksichtnahme und Zuspruch unterstützte.

Jörg Janicki

Gliederung

Abkürzungsverzeichnis

a.A.	anderer Ansicht
a.a.O.	an angegebenen Ort
Abs.	Absatz
Abschn.	Abschnitt
a.E.	am Ende
AFG	Arbeitsförderungsgesetz
AGB	Arbeitsgesetzbuch
AiB	Arbeitsrecht im Betrieb (Zeitschrift)
a.M.	anderer Meinung
Anl.	Anlage
Anm.	Anmerkung
AP	Arbeitsrechtliche Praxis
ArbStättVO	Arbeitsstättenverordnung
ArbuR	Arbeit und Recht (Zeitschrift)
ArbZG	Arbeitszeitgesetz
Art.	Artikel
AuAR	Arbeit und Arbeitsrecht (Zeitschrift)
Aufl.	Auflage
AusfVO	Ausführungsverordnung
AVAZO	Ausführungsverordnung zur Arbeitszeitordnung
AZO	Arbeitszeitordnung
b.	bei
BAG	Bundesarbeitsgericht
BayObLG	Bayerisches Oberstes Landesgericht
BB	Der Betriebs-Berater (Zeitschrift)
Bd.	Band
Beil.	Beilage
BErzGG	Gesetz über die Gewährung von Erziehungsgeld und Erziehungsurlaub (Bundeserziehungsgeldgesetz)
BeschFG	Gesetz über arbeitsrechtliche Vorschriften zur Beschäftigungsförderung (Beschäftigungsförderungsgesetz)
Beschl.	Beschluß
BetrAVG	Gesetz zur Verbesserung der betrieblichen Altersversorgung
BetrVG	Betriebsverfassungsgesetz 1972

BGB	Bürgerliches Gesetzbuch
BGBl.	Bundesgesetzblatt
BGH	Bundesgerichtshof
BRD	Bundesrepublik Deutschland
BT	Deutscher Bundestag
BT-Drucks.	Drucksache des Deutschen Bundestages
BUrlG	Mindesturlaubsgesetz für Arbeitnehmer (Bundesurlaubsgesetz)
BVerfG	Bundesverfassungsgericht
BVerfGE	Amtliche Sammlung der Entscheidungen des Bundesverfassungsgerichts
bzw.	beziehungsweise
DB	Der Betrieb (Zeitschrift)
DDR	Deutsche Demokratische Republik
ders.	derselbe
DGB	Deutscher Gewerkschaftsbund
d.h.	das heißt
Drucks.	Drucksache
EArbZG	Entwurf des Arbeitszeitgesetzes
EG	Europäische Gemeinschaft
Einl.	Einleitung
Einls.	Einleitungssatz
EuGH	Europäischer Gerichtshof
evtl.	eventuell
EWG	Europäische Wirtschaftsgemeinschaft
f.	folgende
ff.	fortfolgende
Fußn.	Fußnote
GBl.	Gesetzblatt
gem.	gemäß
GewO	Gewerbeordnung
GG	Grundgesetz
GK-BetrVG	Gemeinschaftskommentar zum Betriebsverfassungsgesetz 1972
GK-BUrlG	Gemeinschaftskommentar zum Bundesurlaubsgesetz
IAO	Internationale Arbeitsorganisation
insb.	insbesondere
i.S.v.	im Sinne von
i.v.m.	in Verbindung mit
JArbSchG	Gesetz zum Schutze der arbeitenden Jugend (Jugendarbeitsschutzgesetz)
Kap.	Kapitel
KR	Gemeinschaftskommentar zum Kündigungsschutzgesetz und zu sonstigen kündigungsschutzrechtlichen Vorschriften
KSchG	Kündigungsschutzgesetz

LohnFG	Gesetz über die Fortzahlung des Arbeitsentgeltes im Krankheitsfalle (Lohnfortzahlungsgesetz)
m.E.	meines Erachtens
MitbestG	Gesetz über die Mitbestimmung der Arbeitnehmer (Mitbestimmungsgesetz)
MTV	Manteltarifvertrag
MTV/O	Manteltarifvertrag / Ost
MuSchG	Gesetz zum Schutze der erwerbstätigen Mutter (Mutterschutzgesetz)
m.w.H.	mit weiteren Hinweisen
m.w.N.	mit weiteren Nachweisen
NGG	Gewerkschaft Nahrung, Genuß und Gaststätten
NJW	Neue Juristische Wochenschrift (Zeitschrift)
Nr.	Nummer
NZA	Neue Zeitschrift für Arbeits- und Sozialrecht
RdA	Recht der Arbeit (Zeitschrift)
RGBl.	Reichsgesetzblatt
Rn	Randnummer
S.	Seite oder Satz
s.	siehe
SchwbG	Gesetz zur Sicherung der Eingliederung Schwerbehinderter in Arbeit, Beruf und Gesellschaft (Schwerbehindertengesetz)
s.o.	siehe oben
sog.	sogenannt
Stdn.	Stunden
s.u.	siehe unten
TVG	Tarifvertragsgesetz
u.	und
usw.	und so weiter
v.	von, vom
vgl.	vergleiche
VO	Verordnung
Vorbem.	Vorbemerkung
WV	Weimarer Verfassung
z.B.	zum Beispiel
ZfA	Zeitschrift für Arbeitsrecht
ZRP	Zeitschrift für Rechtspolitik

Einleitung

Der Arbeitsvertrag als Unterfall des Dienstvertrages erschöpft sich nicht in dem Austausch von Geld gegen Arbeitsleistung. Vielmehr gewinnt im Hinblick auf Arbeitszeitverkürzungen und dem damit verbundenen Auseinanderfallen von Betriebsnutzungs- und individuellen Arbeitszeiten immer größere Bedeutung, wielange und wann die Arbeitnehmer ihre Leistung erbringen sollen. Es ist Kreativität gefragt, um unternehmerische Entscheidungen zur Ausnutzung von Betriebsanlagen so mit der Lage von individuellen Arbeitszeiten zu verbinden, daß sie für Mitarbeiter und Bewerber akzeptabel sind. Arbeitnehmer sehen sich dadurch einer großen Vielzahl von Arbeitszeitmodellen gegenüber, so daß ihre Entscheidung über die Annahme von Vertragsangeboten oftmals auch stark von der Lage der Arbeitszeit abhängt.

Eines jedoch haben alle kreativen Lösungen gemeinsam: Sie müssen sich innerhalb eines Rahmens bewegen, der durch öffentlich-rechtliche, kollektiv- und individualrechtliche Eckpfeiler vorgegeben ist. Beschäftigt man sich mit den gesetzlichen Grundlagen der Arbeitszeitgestaltung, so stellt sich die Frage nach den Rechtsquellen. Allgemeine Vorgaben sind maßgeblich in der Arbeitszeitordnung (AZO) vom 30. April 1938, zuletzt geändert durch Gesetz vom 10. März 1975, und der Gewerbeordnung vom 21. Juni 1869, zuletzt geändert durch Gesetz vom 20. Dezember 1988. Diese bilden den entscheidenden gesetzlichen Rahmen für die Arbeitszeitgestaltung. Es gibt zwar daneben noch zahlreiche Sonderregelungen wie das Jugendarbeitsschutzgesetz, das Mutterschutzgesetz oder das Schwerbehindertengesetz, die durch Hinzutreten von Eigenheiten bestimmte Arbeitnehmergruppen aus dem allgemeinen Arbeitszeitschutz herausheben, diese haben aber auf die grundsätzliche Arbeitszeitgestaltung eines Betriebes oder Unternehmens wenig Einfluß.

Das grundlegende Gefüge der Arbeitszeitgestaltung ist in Bewegung geraten. Dabei geht es nicht nur darum, Regelungen zur Arbeitszeit, zur Sonntagsarbeit und zum Frauenarbeitsschutz in einem Gesetz zusammenzufassen. Es kommt entscheidend darauf an, den Bereich des Arbeitszeitrechts den heutigen veränderten Verhältnissen anzupassen. Der Handlungsbedarf wird durch den Vertrag über die Herstellung der Einheit Deutschlands noch deutlicher. In den alten und in den neuen Bundesländern gelten teilweise unterschiedliche arbeitszeitrechtliche Bestimmungen. In Art. 30 Abs. 1 Nr. 1 des Einigungsvertrages wird dem gesamtdeutschen Gesetzgeber ausdrücklich die Aufgabe zugewiesen, das öffentlich-rechtliche Arbeitszeitrecht möglichst bald einheitlich neu zu kodifizieren. Neben zu erwartenden europäischen Richtlinien zum Arbeitszeitrecht und Entscheidungen des EuGH und des BVerfG zu Einzelproblemen kann der Gesetzgeber auf den bereits bestehenden Entwurf eines Arbeitszeitgesetzes zurückgreifen. Die Zielsetzung dieses Gesetzentwurfes ist nahezu identisch mit der, die dem Gesetzgeber nun aufgegeben ist. Nicht nur dieser Aspekt verhilft dem Entwurf zu neuer Aktualität. Viele Einzelfragen sind bereits nach politischer Diskussion geklärt worden. Wo kein Konsens erzielt werden konnte, haben sich zumindest konkrete Fragen herauskristallisiert. Der Weg zu einem Arbeitszeitgesetz ist daher durch den bestehenden Gesetzentwurf vorgezeichnet. Ob die Lösung aktueller arbeitszeitrechtlicher Probleme gelungen ist, ist maßgeblicher Inhalt dieser Ausarbeitung.

A. Die Arbeitszeitordnung (AZO) als gesetzliche Grundlage der Arbeitszeitgestaltung und der Entwurf des Arbeitszeitgesetzes (EArbZG)

Befaßt man sich mit den Fragen der gesetzlichen Arbeitszeitregelung, so muß man maßgeblich auf den öffentlich-rechtlichen Arbeitszeitschutz zurückgreifen, wie er in der AZO geregelt ist. Dabei wird durch dieses Schutzgesetz nur ein zeitlicher Rahmen für die Arbeitsleistung der Arbeitnehmer aufgestellt. Die Ausfüllung obliegt den Tarifvertragsparteien, den Betriebspartnern und den Vertragsparteien von Einzelarbeitsverträgen.

Die Arbeitszeitordnung, die seit über 50 Jahren mit kaum verändertem Inhalt existiert, ist dabei nicht nur aus linguistischen oder sensitiven, sondern auch aus inhaltlichen Gründen dringend überholungsbedürftig.[1] Dies gilt auch für den Frauenarbeitsschutz und das in der Gewerbeordnung geregelte Beschäftigungsverbot an Sonn- und Feiertagen.

Die Bundesregierung verfolgt mit dem Gesetzentwurf zu einem Arbeitszeitgesetz das Ziel, die in mehreren Gesetzen und Verordnungen verstreuten Vorschriften zur Arbeitszeit, zur Sonntagsarbeit und zum Frauenarbeitsschutz in einem Gesetz zusammenzufassen[2] und für alle Arbeitnehmer, ausgerichtet am Gesundheitsschutz, den heutigen Verhältnissen anzupassen.[3]

Durch das Arbeitszeitgesetz soll erreicht werden, daß der öffentlich-rechtliche Arbeitszeitschutz auf alle Arbeitnehmer ausgedehnt wird. Die Gesundheit wird durch Begrenzung der höchstzulässigen täglichen

---

[1] vgl. die Terminologie: Gefolgschaftsmitglieder, Betriebsführer, Reichstreuhänder der Arbeit, Tarifordnung

[2] Deutscher Bundestag, Drucks. 10/2706 vom 09.01.1985, S. 1; Deutscher Bundestag, Drucks. 11/360 vom 25.05.1987, S. 1

[3] Zmarzlik, Entwurf eines Arbeitszeitgesetzes, DB 1984, 1881 f.; ders., Zur Neuregelung des Arbeitszeitschutzes, DB 1985, 2349 ff.; ders., Zum Entwurf eines Arbeitszeitgesetzes, NZA 1987, Beil. 3, 15 ff.; Wlotzke, Zum Regierungsentwurf eines neuen Arbeitszeitgesetzes, NZA 1984, 182 f.; Herschel, Bemerkungen zum Entwurf eines Arbeitszeitgesetzes, BB 1986, 384 f.

Arbeitszeit, durch Festsetzung von Mindestruhepausen während der Arbeit und von Mindestruhezeiten zwischen Beendigung und Wiederaufnahme der Arbeit sowie durch eine grundsätzliche Arbeitsruhe an Sonn- und Feiertagen geschützt. Im Interesse eines praxisnahen, sachgerechten und effektiven Arbeitszeitschutzes werden den Tarifvertragsparteien und unter bestimmten Voraussetzungen auch den Betriebsparteien mehr Befugnisse und mehr Verantwortung als bisher übertragen. Die Vorschriften über die Arbeitsruhe an Sonn- und Feiertagen werden der seit 1891 erfolgten technischen Entwicklung angepaßt und dem verfassungsrechtlichen Gebot der Arbeitsruhe an Sonn- und Feiertagen entsprechend auf alle Arbeitnehmer ausgedehnt.[4]

Der Frauenarbeitsschutz wird gemäß dem Grundsatz der Gleichbehandlung von Frauen und Männern neu geregelt. Er wird aufrechterhalten, soweit er zur Abwehr geschlechtsspezifischer Gefährdungen der Arbeitnehmerinnen und möglicher Schädigungen des werdenden Lebens erforderlich ist. Damit wird zugleich der Richtlinie des Rates der Europäischen Gemeinschaft vom 09.02.1976 zur Verwirklichung des Grundsatzes der Gleichbehandlung von Männern und Frauen Rechnung getragen.[5] Ob die angestrebten Änderungen tatsächlich Lösungsmöglichkeiten für vorhandene Probleme bieten oder hinter den Bedürfnissen der Praxis zurückbleiben, gilt es aufzuzeigen.

Die Grundlagen der Arbeitszeitgestaltung bilden die werktäglichen Arbeitszeiten und arbeitsfreie Zeiten, die Sonn- und Feiertagsarbeit sowie der Frauenarbeitszeitschutz. Dabei braucht auf die Regelungen der AZO und der Gewerbeordnung nur kurz eingegangen zu werden, da insoweit auf die einschlägige Literatur verwiesen werden kann. Wichtiger erscheinen in diesem Zusammenhang die Veränderungen, die ein Arbeitszeitgesetz bringen soll und ob sie tatsächlich den Anforderungen der heutigen Zeit gerecht werden.

---

[4] vgl. BT-Drucks. 11/360 S. 1

[5] BT-Drucks. 11/360 S. 1 a.E., S. 2

I. Werktägliche Arbeitszeit und arbeitsfreie Zeiten

1. Regelmäßige tägliche Arbeitszeit

a) Regelungen der AZO

Die in den §§ 3 ff. AZO geregelte regelmäßige werktägliche Arbeitszeit und die Notwendigkeit für Verkürzungen und Verlängerungen ist bereits in der AZO von 1938 erkannt und aufgenommen worden. Schon dort sind verschiedene Möglichkeiten einer anderen Verteilung der regelmäßigen täglichen Arbeitszeit vorgesehen.[6]

Danach ist die regelmäßige Verkürzung der Arbeitszeit mit einem Ausgleich an anderen Werktagen ebenso wie eine betriebsbedingte unregelmäßige Verteilung in sehr engen zeitlichen Grenzen möglich.[7] Bei Arbeitsausfall wegen besonderer Anlässe verlängert sich der Ausgleichszeitraum auf fünf zusammenhängende Wochen.

b) Arbeitszeit nach dem EArbZG

Auch nach dem EArbZG wird aufgrund der bisherigen arbeitswissenschaftlichen und arbeitsmedizinischen Erkenntnisse und Erfahrungen davon ausgegangen, daß zum Schutz der Gesundheit der Arbeitnehmer eine Beschränkung der regelmäßigen täglichen Arbeitszeit auf acht Stunden ausreicht,[8] wobei im Fall der Verlängerung auf zehn Stunden pro Tag innerhalb eines Ausgleichszeitraumes von vier Monaten oder 16 Wochen im Durchschnitt acht Stunden werktäglich nicht überschritten werden dürfen.

---

[6] vgl. §§ 4 - 15 AZO

[7] vgl. § 4 Abs. 1 AZO, Vor- oder Nachwoche i.V.m. der Woche, in der die Änderung stattfindet, Stichwort "Doppelwoche"

[8] § 1 EArbZG, BT-Drucks. 11/360 S. 5, 15 (insb. 17)

c) Stellungnahme

aa) Zur regelmäßigen täglichen Arbeitszeit

Die Begrenzung der regelmäßigen werktäglichen Arbeitszeit nach dem EArbZG[9] ist als Rahmen zu verstehen, der aus gesundheitlichen Gründen vom Gesetzgeber vorgesehen werden soll[10] und auch der Regelung in § 3 AZO entspricht. Damit ist grundsätzlich die 48-Stunden-Woche beibehalten worden,[11] wenn auch andere Stimmen gegeben waren.[12] Tarifliche Verkürzungen der Arbeitszeit haben grundsätzlich nur arbeitsvertragliche, keine öffentlich-rechtliche, arbeitsschutzrechtliche Bedeutung.[13] Dies wird verkannt, wenn von den Gewerkschaften geltend gemacht wird, die gesetzliche 48-Stunden-Woche sei nicht akzeptabel.[14] Daher gehen auch die EArbZG-Entwürfe der SPD[15] und der Grünen[16] von einer zu engen Grenzziehung aus. Die regelmäßige werktägliche Arbeitszeit hat sich am Gesundheitsschutz und nicht an der tariflichen Wochenarbeitszeit zu orientieren. Was die Tarifvertragsparteien später unter Beachtung dieser Vorgaben vereinbaren, ist für den am Gesundheitsschutz orientierten Arbeitszeitschutz ohne Bedeutung.

---

[9] § 1 EArbZG, BT-Drucks. 11/360 S. 5, 15 (insb. 17)

[10] vgl. dazu Denecke/Neumann, AZO § 1 Rn 1

[11] BT-Drucks. 11/360 S. 17: "Nach bisherigen arbeitswissenschaftlichen und arbeitsmedizinischen Erkenntnissen und Erfahrungen reicht die gesetzliche Regelung der täglichen Höchstarbeitszeit zum Schutz der Gesundheit der Arbeitnehmer im Regelfall aus."

[12] Schüren, Neue rechtliche Rahmenbedingungen der Arbeitszeitflexibilisierung, RdA 1985, 22 ff. (25), der maximal 12 Stunden tägliche Arbeitszeit bei verkürzter Wochenarbeitszeit für vertretbar hält, insb. für Teilzeitkräfte und bei flexiblem Arbeitseinsatz; Löwisch, Arbeits- und sozialrechtliche Hemmnisse einer weiteren Flexibilisierung der Arbeitszeit, RdA 1984, 197 ff. (200, 213), der ebenfalls eine tägliche Arbeitszeit von max. 12 Stunden für vertretbar hält, insb. im Hinblick auf die Freizeitperiode, die dann genügend Zeit zur Erholung lasse

[13] Denecke/Neumann, AZO § 3 Rn 1; Zmarzlik, AZO § 3 Rn 16; Meisel/Hiersemann, AZO § 3 Rn 2

[14] Abschaffung des Arbeitszeitschutzes: DGB zum Regierungsentwurf eines Arbeitszeitgesetzes, AiB 1988, 3 ff. (4); ebenso Unterhinninghofen, Für ein soziales Arbeitszeitrecht, AiB 1988, 27 ff. (27)

[15] BT-Drucks. 11/1617

[16] BT-Drucks. 11/1188

bb) Verlängerung des Ausgleichszeitraumes

Die Schaffung des längeren Ausgleichszeitraumes ist nicht nur aus Flexibilitätsgründen zu begrüßen. Von der Bundesregierung war ursprünglich ein dreimonatiger Rahmen vorgesehen,[17] der nach der Stellungnahme des Bundesrates[18] und Zustimmung der Bundesregierung[19] um einen Monat auf insgesamt vier bzw. 16 Wochen verlängert wurde. Eine Ausweitung des Ausgleichszeitraumes erscheint vor allem im Hinblick auf die Gegebenheiten der Klein- und Mittelbetriebe sowie die Erfordernisse bei saisongebundendem Arbeitsanfall notwendig.[20] Hinzu kommt eine Erhöhung von Effektivität und Effizienz bei der Reaktion auf schwankende Marktanforderungen, so daß je nach Auftragslage eine vorübergehende Verkürzung oder Verlängerung der Arbeitszeit ohne Gefährdung von Arbeitsplätzen möglich ist.

Daneben wird auch die Arbeitnehmerposition gestärkt. Gem. § 1 Abs. 2 S. 1 KSchG ist eine betriebsbedingte Kündigung nur bei dem Vorliegen dringender betrieblicher Erfordernisse sozial gerechtfertigt. Können Arbeitnehmer und Arbeitgeber jedoch über einen längeren Zeitraum als bisher ein Zeitkonto führen, so ergeben sich daraus auch Auswirkungen auf die Annahme der Sozialwidrigkeit einer Kündigung.[21] Dringend können die betrieblichen Erfordernisse unter Umständen erst dann sein, wenn auch nach Ablauf eines gesetzlichen Ausgleichszeitraumes für Beschäftigungshöhen und -tiefen keine Änderungen im betrieblichen Ablauf eingetreten sind. Vor der Kündigung ist daneben das ultima-ratio-Prinzip zu beachten.[22] Schließlich müßte noch bei der einzelfallbezogenen Interessenabwägung[23] auf die Umstände des Einzelfalles eingegangen werden, bevor von einer sozial gerechtfertigten Kündigung ausgegangen werden könnte.

---

[17] BT-Drucks. 11/360 S. 5, 17

[18] BT-Drucks. 11/360 S. 28

[19] BT-Drucks. 11/360 S. 37

[20] BT-Drucks. 11/360 S. 28

[21] KR-Becker, § 1 KSchG Rn 290 ff. (296)

[22] KR-Becker, § 1 KSchG Rn 296

[23] KR-Becker, § 1 KSchG Rn 302 ff. (302)

Wenn demgegenüber in der DGB-Stellungnahme[24] von vier Monaten mit je 60 Wochenstunden und Gefahr für den Gesundheitsschutz als Rechenbeispiel ausgegangen wird, so entspricht diese Gefahr wohl eher einer theoretischen Überlegung, bei der die Richtigkeit auch noch in Frage gestellt werden muß.[25] Selbst bei entsprechend großzügiger Interpretation des Ausgleichszeitraumes hat der Betriebsrat ein Mitbestimmungsrecht nach § 87 Abs. 1 Nr. 2 BetrVG, wodurch eine weitere Schranke eingebaut ist.[26] Ein sehr weiter Ausgleichszeitraum, der auch über den Rahmen des geplanten Arbeitszeitgesetzes hinausgehen könnte, hätte daher sowohl auf Arbeitgeberseite den Vorteil der Verfügbarkeit von Mitarbeitern in konjunkturstarken als auch für die Arbeitnehmer einen höheren Bestandschutz des Arbeitsverhältnisses in konjunkturschwachen Zeiten. Den Gesundheitsschutz durch Höchstzeiten zu gewährleisten ist Sache des öffentlich-rechtlichen Arbeitszeitschutzes, die Ausfüllung sollte den basisnäheren Tarifvertrags- oder Betriebsparteien innerhalb des vorgegebenen Rahmens[27] überlassen bleiben.[28]

2. *Ruhepausen*

a) Regelungen der AZO

Nicht nur die Höchstdauer der Arbeitszeit ist bei der Schaffung flexibler Arbeitszeiten von erheblicher Bedeutung, sondern auch die Ruhepausen. Durch den öffentlich-rechtlichen Arbeitszeitschutz wird vorgegeben, daß männlichen Arbeitnehmern mit einer Arbeitszeit von mehr als sechs Stunden

---

[24] AiB 1988, 3 ff. (4)

[25] Der Ausgleichszeitraum "innerhalb von vier Kalendermonaten oder ..." in § 1 EArbZG schließt m.E. bereits einen Vier-Monatszeitraum mit jeweils 60 Stunden je Woche aus, da innerhalb eines jeden Vier-Monatszeitraumes der Durchschnitt von 48 Stunden erreicht werden muß; dies erscheint insbesondere im Hinblick auf die kollektivrechtlichen Sonderregelungen unrealistisch

[26] vgl. auch Zmarzlik, Zur Neuregelung des Arbeitszeitschutzes, DB 1985, 2349 ff. (2350)

[27] interessant insoweit die Überlegungen von Herschel, Bemerkungen zum Entwurf eines Arbeitszeitgesetzes, BB 1986, 384 f. (384), der darauf abstellt, die Regelung der Arbeitszeit im wesentlichen den Tarifvertragsparteien zu überlassen; Zitat: "Wenn es den Tarifvertragsparteien gelungen ist, der Löhne Herr zu werden, braucht man nicht zu befürchten, sie würden bei der Arbeitszeit versagen."

[28] Zmarzlik, Zur Neuregelung des Arbeitszeitschutzes, DB 1985, 2349 ff. (2350), der sehr pauschal darauf ausführt, daß mit § 1 EArbZG "ein ausreichender, aber auch notwendiger und gesundheitlich vertretbarer Rahmen zur Verfügung gestellt ..." werde

mindestens eine halbe Stunde Pause gewährt werden muß.[29] Für weibliche Arbeitnehmerinnen gilt eine engere Regelung. Danach darf ohne Pause nicht länger als viereinhalb Stunden gearbeitet werden.[30] Nach einem gestaffelten System wachsen die zu gewährenden Pausen mit Verlängerung der Arbeitszeit, wobei der Schutz durch angeordnete Unterbrechungen weiter geht als der von männlichen Beschäftigten.[31]

b) Bestimmungen im EArbZG[32]

Die Pausenzeit von 20 Minuten bei einer Arbeitszeit von mehr als viereinhalb bis zu sechs Stunden in § 2 S. 1 Nr. 1 EArbZG unabhängig vom Geschlecht entspricht der bislang nur für Frauen geltenden Regelung in § 18 Abs. 1 S. 2 AZO, die Pausenzeit von 30 Minuten gem. § 2 S. 1 Nr. 2 EArbZG der für Männer gem. § 12 Abs. 2 S. 1 AZO.

Die Inhalte in § 2 S. 1 Nr. 3 und § 2 S. 2 EArbZG sind wiederum an den weitergehenden erhöhten Frauenarbeitszeitschutz der AZO angelehnt.

Gem. § 29 ArbStättenVO und den Richtlinien hierzu sind Regelungen über Aufenthaltsräume nicht im EArbZG aufgenommen worden.[33]

c) Stellungnahme

Die Vereinheitlichung von unterschiedlichen Pausenregelungen für Frauen und Männer ist nicht nur aus Gründen der Gleichbehandlung grundsätzlich geboten. Geschlechtsspezifische Gründe für unterschiedliche gesetzliche Mindestruhepausen für Frauen und Männer sind bisher nicht festgestellt worden.[34] Der strenge Gleichberechtigungsgrundsatz in Art. 3 Abs. 2 GG als Konkretisierung des Gleichheitssatzes[35] verlangt daher nach einer

---

[29] vgl. § 12 Abs. 2 AZO

[30] vgl. § 18 Abs. 1 AZO

[31] vgl. §§ 18 Abs. 1 und 12 Abs. 2 AZO

[32] BT-Drucks. 11/360 S. 5, 18

[33] vgl. dazu die noch in der AZO enthaltenen Ausführungen gem. §§ 12 Abs. 2 S. 2, 18 Abs. 3 AZO

[34] Anzinger, Zur Neuregelung des Frauenarbeitsschutzes im Entwurf eines Arbeitszeitgesetzes, DB 1985, 2352 ff. (2353)

[35] Schmidt-Bleibtreu/Klein, GG Art. 3 Rn 36

einheitlichen Regelung.[36] Dort, wo gesundheitliche Erfordernisse einen erhöhten Schutz verlangen, kann und muß sachlich differenziert werden, um bei Bedarf dem besonderen Frauenarbeitszeitschutz auch durch spezielle Pausenregelungen gerecht zu werden.[37] Es sind jedoch sachliche Gründe hierfür zu verlangen.[38]

Bei gleichlangen Ruhepausen können auch organisatorische Probleme in der betrieblichen Praxis vermieden werden.[39] Der Einsatz und die Austauschbarkeit bei geschlechtsunabhängiger Arbeitszeit erhöhen die Flexibilität ohne Beeinträchtigung für die Arbeitnehmer. Außerdem besteht auch ein Interesse der Mitarbeiter, die Anwesenheit im Betrieb nicht durch unnötig lange Pausen hinauszuziehen, da sie grundsätzlich unbezahlt sind und somit den Freizeit- und Erholungsteil zwischen den Schichten oder Arbeitseinsätzen reduzieren.[40] Gerade hier liegt jedoch der Erholungswert am höchsten.[41]

Durch Einfügung des Satzes 3 in § 2 EArbZG wird klargestellt, daß die Pausen auch in angemessener zeitlicher Lage gewährt werden müssen. Dieser auf Initiative des Bundesrates hinzugefügte Passus[42] hat zwar grundsätzlich bloß klarstellende Bedeutung, da Ruhepausen kurz nach Beginn oder vor Ende der Arbeitszeit nicht dem angestrebten Schutz der Arbeitnehmer entsprechen können.[43] Neben den Gewerbeaufsichtsämtern, die die Einhaltung der AZO zu überwachen haben,[44] hat auch der einzelne Arbeitnehmer einen Anspruch aus seinem Arbeitsvertrag gegen den Arbeitgeber auf Einhaltung der Arbeitszeitbestimmungen. Danach hat der

---

[36] Schmidt-Bleibtreu/Klein, GG Art. 3 Rn 39 a.E.

[37] so z.B. Möglichkeiten zur Beschränkung nach § 12 Abs. 1 EArbZG

[38] Schmidt-Bleibtreu/Klein, GG Art. 3 Rn 37, 39

[39] Zmarzlik, Zur Neuregelung des Arbeitszeitschutzes, DB 1985, 2349 ff. (2349, dort insb. Fußn. 9)

[40] Jung, Zuviele arbeiten zu lange, S. 21, der an den gewerkschaftlichen Begriff Arbeitszeit anknüpft, da der Arbeitnehmer auch während der Pausen dem Arbeitgeber aus arbeitsvertraglichen Gründen zur Verfügung stehe und daher die Ruhepausen eigentlich zur Arbeitszeit zu rechnen seien; Zmarzlik, AZO § 12 Rn 33 f.; Denecke/Neumann, AZO § 12 Rn 21 a.E.

[41] BT-Drucks. 11/360 S. 18

[42] BT-Drucks. 11/360 S. 28 f.; Zustimmung durch Bundesregierung vgl. BT-Drucks. 11/360 S. 37

[43] Zmarzlik, AZO § 12 Rn 40; Meisel/Hiersemann, AZO § 12 Rn 52;Denecke/Neumann, AZO § 12 Rn 20 f.

[44] Schaub, Arbeitsrechts-Handbuch § 155 I 4

Arbeitnehmer bei zweckwidriger Pausengewährung wegen Verletzung der Fürsorgepflicht durch den Arbeitgeber diesem gegenüber ein Leistungsverweigerungsrecht, evtl. auch einen Schadensersatzanspruch wegen Verletzung der Arbeitszeitbestimmungen i.V.m. § 823 Abs. 2 BGB.[45]

In Betrieben mit einem Betriebsrat ist ein Mißbrauch der Pausengewährung durch die zwingende Mitbestimmung nach § 87 Abs. 1 Nr. 2 BetrVG nahezu ausgeschlossen.[46] Soweit ein Betriebsrat nicht gegeben ist, scheidet diese betriebsinterne "Kontrolle" oder Einflußnahmemöglichkeit aus. Es können dann allerdings die oben erwähnten Individualrechte geltend gemacht werden.

3. Ruhezeiten

a) Regelungen der AZO

Gem. § 12 Abs. 1 AZO ist dem Arbeitnehmer nach Beendigung der täglichen Arbeitszeit eine ununterbrochene Ruhezeit von mindestens elf Stunden zu gewähren. Ausnahmen mit einer Ruhezeit von zehn Stunden sind in Gast- und Schankwirtschaften, im Beherbergungs- und Verkehrswesen und bei Nachweis eines dringenden Bedürfnisses zulässig. Zeiten, bei denen der Arbeitnehmer seine Zeit frei verwenden kann und nur jederzeit erreichbar sein muß, um auf Abruf die Arbeit unverzüglich oder alsbald aufzunehmen (Bereitschaftsdienst oder Rufbereitschaft), können dabei auf die Ruhezeiten angerechnet werden.[47]

---

[45] daneben kann auch durch öffentlich-rechtliche straf- bzw. bußgeldbewährte Vorschriften die Einhaltung der Pausen überprüft und bei Verstößen geahndet werden, vgl. § 25 Abs. 1, Abs. 4 AZO, § 17 Abs. 1 Nr. 2 EArbZG, dort ist jedoch die Lage der Arbeitszeit nicht aufgenommen

[46] Denecke/Neumann, AZO § 12 Rn 21; Meisel/Hiersemann, AZO § 12 Rn 42, Einl. Rn 41 ff. (insb. 41, 46), wobei in § 12 Rn 53 bei Verweisung auf das Mitbestimmungsrecht gem. § 87 Abs. 1 Nr. 1 BetrVG wohl nur ein Schreibfehler vorliegt

[47] vgl. Zur Abgrenzung von Arbeitszeit und Ruhezeit: Meisel/Hiersemann, AZO § 2 Rn 100 ff. (102), § 12 Rn 10, § 2 Rn 6 ff. (31, 37, 41); Denecke/Neumann, AZO § 12 Rn 2 f.; Zmarzlik, AZO § 12 Rn 3 f.

b) Bestimmungen im EArbZG

In § 3 EArbZG wird der Grundsatz der elf-stündigen Ruhezeit festgelegt. Abweichungen sollen daher nur zugelassen werden, wenn die Art der Arbeit oder die Besonderheiten des Bereitschaftsdienstes sie erfordern.[48]

c) Stellungnahme

Die Mindestruhezeit nach Beendigung der täglichen Arbeitszeit ist für den Gesundheitsschutz der Arbeitnehmer gerade unter dem Aspekt der Erholung von besonderer Bedeutung.[49] Bei der Erhaltung dieser sehr wichtigen Erholungsphase zwischen zwei Arbeitseinsätzen kann daher nur zur Disposition stehen, ob eine geringfügige Verkürzung zu vertreten ist. Nicht nur die Gesundheit, sondern auch die allgemeine Sicherheit und das gesamte Umfeld verlangen die grundsätzliche Beachtung der Ruhezeit, wie sie in der AZO und im EArbZG Niederschlag gefunden hat.[50]

4. Abweichende Regelungen

a) Abweichende Regelungen zu § 1 EArbZG

Gem. § 4 Abs. 1 Nr. 1 a) - c) EArbZG kann abweichend von den Vorgaben des § 1 EArbZG auf Tarif- oder Betriebsebene[51] eine anderweitige Regelung von Arbeitszeitfragen vorgenommen werden.

aa) Abweichungen bei Arbeitsbereitschaft

Nach § 4 Abs. 1 Nr. 1 EArbZG kann eine Arbeitszeit von mehr als zehn Stunden täglich zugelassen werden, wenn in diese Arbeitszeit regelmäßig

---

[48] BT-Drucks. 11/360 S. 18

[49] BT-Drucks. 11/360 S. 18

[50] Meisel/Hiersemann, AZO Einl. Rn 12 a.E., die darauf abstellen, daß der Arbeitszeitschutz auch im Interesse der Allgemeinheit bestehe; insbesondere im Hinblick auf die sozialversicherungsrechtliche Solidargemeinschaft ist dem zuzustimmen

[51] vgl. dazu die Ausführung unter A., I., 4., e), cc) und dd)

und in erheblichem Umfang Arbeitsbereitschaft[52] - die Zeit wacher Achtsamkeit im Zustand der Entspannung[53] - fällt. Entgegen der grundsätzlichen Bestimmung in § 1 EArbZG sollte dabei klargestellt werden, daß es hierbei eines Ausgleiches an anderen Tagen nicht bedarf.[54] Es ist davon auszugehen, daß eine Überschreitung des Zehn-Stunden-Tages wegen der geringeren Inanspruchnahme des Arbeitnehmers aus gesundheitlichen Gründen vertretbar ist. Während der Arbeitsbereitschaft kann nämlich anders als bei der Vollarbeit eine Entspannung eintreten, die eine Ausnahme der Zehnstundenregel rechtfertigen kann.[55] Dabei muß Arbeitsbereitschaft wie bisher in § 7 Abs. 2 AZO regelmäßig[56] und in erheblichem Umfang[57] anfallen, weshalb auf die einschlägige Literatur[58] und Rechtsprechung[59] verwiesen werden kann. Festzuhalten bleibt, daß eine sachnahe und zweckmäßige Entscheidung über die Arbeitszeit an Arbeitsplätzen mit einer Mischung aus Vollarbeit und Arbeitsbereitschaft eher auf der tariflichen oder betrieblichen Ebene getroffen werden kann.

bb) Festlegung eines anderen Ausgleichszeitraumes

Tarifparteien oder Betriebspartner sollen gem. § 4 Abs. 1 Nr. 1 b) EArbZG die Möglichkeit haben, einen von § 1 EArbZG abweichenden Ausgleichszeitraum festzulegen.[60] Eine zeitliche Limitierung ist im Gesetzentwurf nicht aufgenommen. Der Bundesrat macht daher in seiner Stellungnahme geltend, daß aus Gesundheitsschutzgründen eine Begrenzung des

---

[52] zum Begriff Arbeitsbereitschaft vgl.: Denecke/Neumann, AZO § 7 Rn 22 ff.; Meisel/Hiersemann, AZO § 7 Rn 29 ff., § 2 Rn 31; Zmarzlik, AZO § 7 Rn 20 ff.; Schaub, Arbeitsrechts-Handbuch § 45 VI 3 a.A., dort auch Fußn. 70

[53] BT-Drucks. 11/360 S. 5,18

[54] vgl. dazu die Anm. des Bundesrates in BT-Drucks. 11/360 S. 29; die Bundesregierung will diese Frage prüfen, vgl. BT-Drucks. 11/360 S. 37

[55] s. Beispiel bei Denecke/Neumann, AZO § 7 Rn 29, 31

[56] Meisel/Hiersemann, AZO § 7 Rn 31; Denecke/Neumann, AZO § 7 Rn 34 a.A.; Zmarzlik, AZO § 7 Rn 28 f.

[57] Meisel/Hiersemann, AZO § 7 Rn 32 f.; Denecke/Neumann, AZO § 7 Rn 34 a.E.; Zmarzlik, AZO § 7 Rn 30 ff.

[58] neben den angegebenen Kommentaren ausführlich: Fechner, Probleme der Arbeitsbereitschaft, S. 11 ff.

[59] vgl. Fußn. 71 bei Schaub, Arbeitsrechts-Handbuch § 45 III 3

[60] BT-Drucks. 11/360 S. 5,18

Ausgleichszeitraumes auf höchstens sechs Monate erforderlich sei.[61] Die Bundesregierung lehnt jedoch eine derartige Eingrenzung ab.[62] Es entspreche im Interesse eines praxisnahen, sachgerechten und effektiven Arbeitsschutzes der Konzeption des Gesetzes, den Tarifparteien und den Betriebspartnern mehr Befugnisse und mehr Verantwortung als bisher zu übertragen.[63]

Sie sollen gerade wegen ihrer größeren Sachnähe einen durch den Gesetzgeber nicht vorgegebenen oder begrenzten Zeitrahmen vereinbaren können. Ihr verantwortungsbewußtes Handeln biete Gewähr für die sachgerechte Festlegung des Ausgleichszeitraumes.[64] Auch wenn diese Zuversicht sicherlich begründet ist, bleibt eine gesetzliche Höchstgrenze sinnvoll. Innerhalb eines Jahres sollte man sowohl saisonale als auch konjunkturelle Probleme in Verbindung mit der Arbeitszeitgestaltung in den Griff bekommen. Verschiedene Industriezweige und Branchen sollten dadurch ihre speziellen Zeitprobleme praxisnah und sachgerecht lösen können. Eine Jahresgrenze kann jedenfalls verhindern, daß in Zeiten der Hochkonjunktur jahrelang mit zu dünner Personaldecke gefahren wird. Dies wäre mit dem Gesundheitsschutz, den das Arbeitszeitgesetz sicherstellen soll,[65] nicht vereinbar.

cc) Verlängerung bis zu 10 Stunden ohne Ausgleich

Nach § 4 Abs. 1 Nr. 1 c) EArbZG kann die werktägliche Arbeitszeit auch ohne Ausgleich an höchstens 60 Tagen im Jahr auf zehn Stunden pro Tag verlängert werden.[66] Damit soll unter Berücksichtigung des Gesundheitsschutzes eine Flexibilität geschaffen werden, die einer Branche oder einem Betrieb insbesondere bei wechselnden und plötzlich auftretenden technischen oder wirtschaftlichen Bedürfnissen den nötigen Freiraum für schnelle

[61] BT-Drucks. 11/360 S. 29

[62] BT-Drucks. 11/360 S. 37

[63] vgl. dazu auch Zmarzlik, Entwurf eines Arbeitszeitgesetzes, DB 1984, 1881 f.; ders., Zur Neuregelung des Arbeitszeitschutzes, DB 1985, 2349 ff.; Wlotzke, Zum Regierungsentwurf eines neuen Arbeitszeitgesetzes, NZA 1984, 182 ff.; Herschel, Bemerkungen zum Entwurf eines Arbeitszeitgesetzes, BB 1986, 384 f.

[64] BT-Drucks. 11/360 S. 37

[65] BT-Drucks. 11/360 S. 1 - Zielsetzung

[66] BT-Drucks. 11/360 S. 5, 18

Reaktionen läßt.[67] Diese Regelung ist angelehnt an die Bestimmung des § 6 AZO. Sie ist zum Teil weiter, da der Rahmen für die Arbeitszeitverlängerung von 30 auf 60 Tage erhöht werden soll. Enger ist § 4 Abs. 1 Nr. 1 c) EArbZG insoweit, als nun eine kollektive Regelung verlangt[68] und § 7 Abs. 1 AZO eingeschränkt wird, da bislang in einem Tarifvertrag bis auf die Begrenzung der täglichen Arbeitszeit auf zehn Stunden keinerlei Limitierung auf eine Zahl von Tagen bestand.[69] Schließt man sich der Rechtsprechung des Bundesarbeitsgerichts[70] und einem Teil der Literaturmeinung[71] zu § 6 AZO an, wird die Möglichkeit nach § 4 Abs. 1 Nr. 1 c) EArbZG nur eine sehr untergeordnete Rolle spielen. Gem. § 1 EArbZG wird wie in § 3 AZO eine regelmäßige werktägliche Arbeitszeit von acht Stunden zugrundegelegt. Ausgangspunkt ist nach wie vor die "Sechs-Tage-Woche",[72] so daß erst bei Überschreitung von 48 Wochenarbeitsstunden der öffentlichrechtliche Gesundheitsschutz einsetzt. Da sich aber realiter die Wochenarbeitszeit nahezu ausschließlich auf fünf Tage pro Woche verteilt und grundsätzlich nicht länger als 40 Stunden pro Woche gearbeitet wird, könnte bei einer Fünf-Tage-Woche kaum Gebrauch von dieser Möglichkeit gemacht werden. Doch auch bei einer von der Wochenarbeitszeit losge-lösten Betrachtung liefe die Regelung bereits wegen § 1 EArbZG i.V.m. der Verlängerung des Ausgleichszeitraumes nach § 4 Abs. 1 Nr. 1 b) EArbZG nahezu leer. Als Regelungstatbestand bliebe hier nur die Entbindung von der Ausgleichspflicht. Geht man von dem ursprünglich geplanten Ausgleichszeitraum im Regierungsentwurf aus,[73] so hat § 4 Abs. 1 Nr. 1 c) EArbZG isoliert betrachtet schon eine nicht ganz unbeträchtliche Bedeutung. Rein rechnerisch lassen sich Beispiele finden, daß die Arbeitnehmer über einen sehr langen Zeitraum hinweg ohne Ausgleichspflicht sehr stark beansprucht werden könnten.[74] Diese Ausnahme ist aber bei Verlängerung

---

[67] Denecke/Neumann, AZO § 6 Rn 1

[68] vgl. § 4 Abs. 1 Einleitungssatz EArbZG

[69] Meisel/Hiersemann, AZO § 7 Rn 21 ff. (26); Denecke/Neumann, AZO § 7 Rn 6 ff.

[70] BAG AP Nr. 4 zu § 87 BetrVG Arbeitszeit

[71] Meisel/Hiersemann, AZO § 6 Rn 5 f.; Zmarzlik in Anm. zu BAG AP Nr. 4 zu § 87 BetrVG Arbeitszeit

[72] BT-Drucks. 11/360 S. 17

[73] BT-Drucks. 11/360 S. 5, 17; hier wird von drei Kalendermonaten oder zwölf Wochen ausgegangen

[74] z.B.: Vier Tage je neuneinhalb Stunden, am fünften Tag zwei Stunden um acht Stunden ohne Ausgleichspflicht verlängerbar; bei 60 Tagen im Jahr wäre mehr als jede Woche abdeckbar

des Ausgleichszeitraumes fast bedeutungslos, denn auch für die Verlängerung der Wochenarbeitszeit von 48 auf 60 Stunden müßte nicht zwangsläufig auf § 4 Abs. 1 Nr. 1 c) EArbZG zurückgegriffen werden.

Die ebenfalls in der Literatur vertretene Ansicht, daß bereits bei Überschreiten der betrieblich festgelegten täglichen Arbeitszeit unter Berücksichtigung eines Ausgleichszeitraumes die limitierten Tage nach § 6 AZO oder dann nach § 4 Abs. 1 Nr. 1 c) EArbZG zu zählen seien,[75] ist schon deshalb nicht zutreffend, weil arbeitszeitschutzrechtlich nur die Limitierung auf zehn Stunden pro Tag und auf 48 Stunden pro Woche vorgegeben ist. Ansonsten käme man zu dem Ergebnis, daß sich durch Arbeitszeitverkürzungen in Tarifverträgen oder Betriebsvereinbarungen der Rahmen des öffentlich-rechtlichen, gesetzlichen Arbeitszeitschutzes verändern ließe. Dieser orientiert sich aber nicht maßgeblich an sachnahen und praxisgerechten Lösungen, sondern an medizinischen Erkenntnissen. Der gesundheitliche Mindestschutz steht den Kollektivparteien nicht zur Disposition.

Insgesamt erstaunt die Regelung des § 4 Abs. 1 Nr. 1 c) EArbZG, da der Gesetzgeber bereits mehrfach[76] deutlich angesprochen wurde, die unzeitgemäße und realitätsfremde Regelung des § 6 AZO zu überdenken. Bei einer Klarstellung, daß im Rahmen der nach dem Entwurf des Arbeitszeitgesetzes zulässigen Arbeitszeit Verlängerungen bis zu drei Monaten auch zeitlich ausgleichsfrei bleiben können, wäre der alte Streit beseitigt und für Rechtsklarheit gesorgt.

b) Anderweitige Kurzpauseneinteilung

Nach § 4 Abs. 1 Nr. 2 EArbZG ist abweichend von § 2 S. 2 EArbZG die Gesamtdauer der Ruhepausen unter besonderen Umständen[77] auf Kurzpausen von angemessener Dauer aufzuteilen.[78] Die bisher für Frauen und Männer unterschiedliche Pausenregelung[79] wird überwiegend auf dem Niveau des für

---

[75] Denecke/Neumann, AZO § 6 Rn 6; Söllner in Anm. zu BAG AP Nr. 5 zu § 1 TVG Tarifverträge: Bau

[76] vgl. dazu Zmarzlik in Anm. zu BAG AP Nr. 4 zu § 87 BetrVG Arbeitszeit

[77] Schichtbetriebe und Personennahverkehr

[78] BT-Drucks. 11/360 S. 5

[79] vgl. § 18 Abs. 1 und 2 AZO mit § 12 Abs. 2 AZO

Frauen geltenden Rechts vereinheitlicht.[80] Eine Ausnahme dazu bildet die Kurzpausenregelung, die auch für Frauen übernommen werden soll.[81] Sinn und Zweck der schon in der AZO enthaltenen Kurzpausenregelung ist, die erforderliche Erholung auch bei der Beschäftigung mit kontinuierlichen Arbeiten sicherzustellen.[82] Der Kurzpause wird genügt, wenn der Arbeitnehmer während dieser Zeit im wesentlichen von seinen arbeitsvertraglichen Pflichten und seiner Verantwortung entbunden ist. Wenn ein vernünftiger Ausgleich zu der Belastung des Arbeitnehmers geschaffen wird, damit sich dieser von der Ermüdung durch die Arbeitsausführung erholen kann, ist eine Differenzierung wegen des Geschlechts auch nicht mehr zeitgerecht. Für den betrieblichen Schichtablauf bedeutet diese Gleichbehandlung bei der Pausengestaltung eine Vereinfachung, da nun nicht mehr zwischen Männern und Frauen differenziert werden muß. Dieses Problem ist aber eher theoretischer Natur, da bei der betrieblichen Zeitgestaltung vielfach aus Praktikabilitätsgründen der Arbeitszeitschutz für Frauen zugrundegelegt wird. Wo aufgrund eines vollkontinuierlichen Produktionsablaufes Kurzpausen eingelegt werden, bewirkt die Gleichbehandlung zumindest die Einsatzmöglichkeit auch von Frauen in diesen Produktionsbereichen. Eine sachliche Differenzierung aufgrund des Geschlechts ist daher bei den Kurzpausenregelungen wegen des besonders strengen Maßstabes von Art. 3 Abs. 2 GG weder zulässig noch sinnvoll.[83]

c) Ruhezeiten

aa) Verkürzung der Mindestdauer

Gem. § 4 Abs 1 Nr. 3 EArbZG kann die Ruhezeit von elf Stunden, wie sie in § 3 EArbZG vorgegeben ist, modifiziert werden.[84] Danach sind die Tarifvertragsparteien oder Betriebspartner in der Lage, sachnahe Problemlösungen in ihrem Wirtschaftszweig oder Betrieb umzusetzen. Jedoch garantiert der öffentlich-rechtliche Arbeitszeitschutz einen unabdingbaren

---

[80] Zmarzlik, Zur Neuregelung des Arbeitszeitschutzes, DB 1985, 2349 ff. (2350)

[81] s. § 2 S. 2 EArbZG

[82] Denecke/Neumann, AZO § 12 Rn 24 f.; Meisel/Hiersemann, AZO § 12 Rn 68; Zmarzlik, AZO § 12 Rn 35 ff.

[83] Anzinger, Zur Neuregelung des Frauenarbeitsschutzes im Entwurf eines Arbeitszeitgesetzes, DB 1985, 2352 ff. (2353)

[84] BT-Drucks. 11/360 S. 5, 18

Mindestschutz. Grundsätzlich darf die Ruhezeit nur um bis zu eine Stunde verkürzt werden. Darüber hinaus wird explizit aufgeführt, wer Ruhezeiten bis zu zwei Stunden verkürzen darf.[85] Diese Reduzierung der Erholungsphase zwischen zwei Arbeitseinsätzen ist tatbestandsmäßig noch erschwert. Danach muß die Art der Arbeit die Kürzung erfordern und innerhalb eines bereits im Tarifvertrag festzulegenden Zeitraumes ausgeglichen werden. Gegenüber den Regelungen der AZO tritt eine Entbürokratisierung ein, weil das Antrags- und Bewilligungsverfahren[86] entfällt. Damit schafft der Gesetzgeber eine Flexibilisierung. Er überläßt den Parteien des Arbeitslebens für den Bedarfsfall eine entsprechende Handhabungsmöglichkeit, ohne dabei auf die Fixierung eines gesetzlichen Mindestschutzes zu verzichten. Allerdings wächst neben der größeren Gestaltungsfreiheit auch die Verantwortung.

bb) Ruhezeiten bei Arbeitsbereitschaft, Bereitschaftsdienst und Rufbereitschaft

Neben den Möglichkeiten nach § 4 Abs. 1 Nr. 3 EArbZG können die Tarifparteien oder Betriebspartner Dauer und Lage der Ruhezeiten abweichend von § 3 EArbZG bestimmen, wenn Arbeitsbereitschaft, Bereitschaftsdienst und Rufbereitschaft[87] eine besondere Regelung zulassen.[88] Wie bei der Verkürzung der Mindestdauer der Ruhezeiten ist auch hier zugunsten einer sachgerechten und praxisnahen Handhabung der Gesetzgeber in den Hintergrund getreten. Insbesondere für Tätigkeiten, die nicht nur aus Vollarbeit[89] bestehen, kann dieser Passus von großer Bedeutung sein. Hier haben die Parteien des Arbeitslebens Handlungsfreiheit und Raum für Kreativität, aber auch große Verantwortung. Der Spielraum ist beachtlich, da keinerlei Bezug auf gesetzliche Mindestbedingungen genommen wird. Soweit man den gesetzlichen Mindestschutz[90] und die Bedeutung der

---

[85] Verkürzung der Ruhezeit um bis zu zwei Stunden nur im Personennahverkehr, in Theaterbetrieben und Orchestern

[86] vgl. § 12 Abs. 1 S. 3 AZO

[87] zu den arbeitszeitrechtlichen Begriffen vgl. Schaub, Arbeitsrechts-Handbuch § 45 VI 3 m.w.N.; Zmarzlik, AZO § 2 Rn 6 ff. (11 a.E., 12), § 12 Rn 3; Meisel/Hiersemann, AZO § 2 Rn 22 ff., 34 ff., 41 ff.; Denecke/Neumann, AZO § 7 Rn 22 ff.

[88] BT-Drucks. 11/360 S. 5, 18

[89] Meisel/Hiersemann, AZO § 2 Rn 20

[90] vgl. § 4 Abs. 1 Nr. 3 EArbZG, worin der Gesetzgeber bei Vollarbeit grundsätzlich zehn, in genannten Ausnahmefällen neun Stunden Ruhezeit zwingend verlangt

Eigenheiten beim Minus zur Vollarbeit nicht aus den Augen verliert, ist eine vernünftige Regelung zu erwarten.

d) Sonderregelungen

Für die Bereiche der Landwirtschaft,[91] für Personal in Krankenhäusern und anderen Behandlungs-, Pflege- und Betreuungseinrichtungen[92] sowie großen Teilen der im öffentlichen Dienst Beschäftigten[93] können wegen der besonderen Tätigkeitsfelder mit den inhärenten Problemen auch Sonderregelungen zur besseren Anpassung an die Arbeitsabläufe und -vorgänge getroffen werden.[94]

In diesen Bereichen sind tatsächlich aufgrund besonderer Umstände Sonderregelungen wünschenswert,[95] wenn nicht sogar erforderlich. Ob das gezielte Herausgreifen dieser Bereiche gelungen ist oder eine Generalklausel derart, daß bei Sachzwängen durch die Eigenart des Betriebes eine entsprechende Anpassung der §§ 1 - 3 EArbZG erfolgen könne, sinnvoller gewesen wäre, mag insbesondere im Hinblick auf eine mögliche Ausweitung dahingestellt bleiben.

e) Einleitungssatz in § 4 Abs. 1 EArbZG

Gemäß Einleitungssatz in § 4 Abs. 1 EArbZG kann in einem Tarifvertrag oder in einer Betriebsvereinbarung, wenn ein Tarifvertrag dies zuläßt oder Arbeitszeitfragen im Tarifvertrag nicht geregelt sind, eine von den §§ 1 - 3 EArbZG abweichende Regelung getroffen werden.[96] Diese weite Fassung einer Regelungskompetenz auf Betriebsebene monierte der Bundesrat in

---

[91] § 4 Abs. 1 Nr. 5 EArbZG

[92] § 4 Abs. 1 Nr. 6 EArbZG

[93] § 4 Abs. 1 Nr. 7 EArbZG

[94] vgl. BT-Drucks. 11/360 S. 29 f.; als weitere Tätigkeitsgruppe will der Bundesrat die Kraft- und Beifahrer in diesen Katalog aufgenommen haben; die Bundesregierung hat dem Änderungsvorschlag auch zugestimmt, vgl. BT-Drucks. 11/360 S. 37

[95] BT-Drucks. 11/360 S. 19

[96] so auch BT-Drucks. 11/360 S. 18; Anzinger/Koberski, Das Gesetz zur Einführung eines Dienstleistungsabends und seine Auswirkungen auf individualrechtliche, kollektivrechtliche und kartellrechtliche Fragen, NZA 1989, 737 ff. (742), die darauf verweisen, daß es kaum zu bestreiten sei, daß es sich bei Arbeitszeitregelungen um durch Tarifvertrag regelbare Arbeitsbedingungen handele

seiner Stellungnahme.[97] Dort wird ausgeführt, daß die Zulassung einer Betriebsvereinbarung durch Tarifvertrag und das Fehlen einer Regelung von Arbeitszeitfragen im Tarifvertrag grundlegend differiere. Bei einer ausdrücklichen Zulassung hätten die Tarifvertragsparteien geprüft, inwieweit es angebracht sei, den Betriebspartnern einen Entscheidungsspielraum einzuräumen. Erforderlichenfalls könne die Gestaltungsmöglichkeit der Betriebspartner eingeschränkt werden. Allein aus dem Fehlen der Regelung von Arbeitszeitfragen im Tarifvertrag dürfe nicht geschlossen werden, daß Regelungen durch Betriebsvereinbarung geboten seien und auch von den Tarifvertragsparteien für sinnvoll erachtet würden. Diese Bedenken teilt die Bundesregierung allerdings nicht.[98] Es wird betont, daß es der Konzeption des Gesetzentwurfes entspreche, den Betriebspartnern im Interesse eines praxisnahen, sachgerechten und effektiven Arbeitszeitschutzes mehr Befugnisse und mehr Verantwortung als bisher zu übertragen. Auch wegen ihrer größeren Sachnähe solle ein anderer, durch den Gesetzgeber nicht begrenzter Ausgleichszeitraum vereinbart werden können. Das verantwortungsbewußte Handeln der Betriebspartner biete Gewähr für die sachgerechte Festlegung des Ausgleichszeitraumes.

aa) Rechtliche Qualifizierung der tariflichen Regelung gemäß § 4 Abs. 1 EArbZG

(1) Qualifizierung als Inhaltsnorm

Die Inhaltsnormen bilden grundsätzlich den wichtigsten Teil der Tarifnormen.[99] Von diesem Begriff sind alle Bestimmungen umfaßt, die nach dem Willen der Tarifvertragsparteien den Inhalt von Arbeitsverhältnissen regeln sollen.[100] Die Qualifizierung als Abschluß-[101] oder Beendigungsnorm[102] scheidet bei der Bestimmung der Normenart bei tarifvertraglichen Re-

---

[97] BT-Drucks. 11/360 S. 29

[98] BT-Drucks. 11/360 S. 37

[99] Hagemeier/Kempen/Zachert/Zilius, TVG § 1 Rn 26

[100] Wiedemann/Stumpf, TVG § 1 Rn 150

[101] darunter sind Regeln zu verstehen, die das Zustandekommen neuer, die Wiederaufnahme alter oder die Fortsetzung unterbrochener Arbeitsverhältnisse betreffen

[102] Wiedemann/Stumpf, TVG § 1 Rn 227 ff.; Hagemeier/Kempen/Zachert/Zilius, TVG § 1 Rn 31; hierunter fallen Bestimmungen, die Regelungen zu Kündigungsgründen, Form und Frist der Kündigung oder der Dauer von Arbeitsverhältnissen enthalten

gelungen nach § 4 Abs. 1 EArbZG von der Sache her aus. Es stellt sich somit die Frage, ob die Bestimmungen als Inhaltsnormen einzuordnen sind. Dazu ist darauf abzustellen, was die Tarifvertragsparteien mit einer Regelung nach § 4 Abs. 1 EArbZG erreichen wollen. Der Entwurf des Arbeitszeitgesetzes zielt darauf ab, aus gesundheitlichen Gründen einen gesetzlichen Mindestschutz zu normieren.[103] Diese Vorschriften enthalten zwar kein zwingendes Gesetzesrecht. Der Rahmen für tarifdispositive Regelungen ist jedoch im EArbZG vorgegeben. Für die Tarifvertragsparteien gilt, daß sie aufgrund ihrer Sachnähe und Differenzierungsmöglichkeit der Praxis eher gerecht werden können als der Gesetzgeber.[104] Ihnen wird daher die Modifizierung von den gesetzlichen Grundnormen der §§ 1 - 3 EArbZG ermöglicht. Im Interesse einer praxisorientierten Lösung von Arbeitszeitproblemen wird die Schaffung neuer[105] gesundheitsschutz-rechtlicher Schranken bedingt zugelassen. Damit ist jedoch nichts über den Inhalt von Arbeitsverhältnissen festgelegt. Es wird nur die Möglichkeit gegeben, den öffentlich-rechtlichen Rahmen für Höchstarbeitszeiten, Mindestruhepausen und -ruhezeiten zu erweitern oder zu verringern[106] und da-durch ein strafbefreiendes Tatbestandsmerkmal[107] zu schaffen.[108] Allein durch eine Regelung nach § 4 Abs. 1 EArbZG wird das Arbeitsverhältnis nicht tangiert, da sich daraus noch keinerlei Rechte und Pflichten ergeben. Es wird nur die Möglichkeit einer modifizierten Arbeitszeitgestaltung eröffnet. Eine tarifliche Inhaltsnorm ist daher bei einer abweichenden Regelung im Sinne von § 4 Abs. 1 EArbZG nicht gegeben.

---

[103] vgl. Zielsetzung des Gesetzentwurfes in BT-Drucks. 11/360 S. 1, 15

[104] vgl. BT-Drucks. 11/360 S. 15

[105] d.h.: Abweichend von den Grundnormen der §§ 1 - 3 EArbZG nach Vorgabe in § 4 Abs. 1 EArbZG

[106] das verkennt Hagemeier, Tariföffnungsklauseln im Beschäftigungsförderungsgesetz und im Arbeitszeitgesetz, ArbuR 1985, 144 ff. (145), wenn er davon ausgeht, der Gesetzgeber ermutige die Tarifvertragsparteien durch den Entwurf, "schlechteres" Recht zu schaffen

[107] vgl. § 17 Abs. 1 Nr. 1 - 3 EArbZG

[108] diesen Punkt erkennt auch Zmarzlik, Zur Neuregelung des Arbeitszeitschutzes, DB 1985, 2349 ff. (2350)

(2) Qualifizierung als Betriebsnorm

Normen über betriebliche[109] und betriebsverfassungsrechtliche[110] Fragen genießen einen Sonderstatus im Tarifrecht, da diese gem. §§ 4 Abs. 1 S. 2, 3 Abs. 2 TVG Rechtswirkungen für die nicht organisierten Arbeitnehmer entfalten. Voraussetzung ist allerdings die Tarifgebundenheit des Arbeitgebers. Durch § 3 Abs. 2 TVG soll dabei eine normative Bindung des Arbeitgebers für den gesamten Bereich der betrieblichen Gestaltung geschaffen werden. Auf die Probleme der Rechtswirkung auf nicht Tarifgebundene wird später einzugehen sein.[111] Regelungen dieser Art können sinnvollerweise nur einheitlich getroffen werden. Dieser Zweck ist für die Begriffsbestimmung wesentlich.[112]

Ob auch Zulassungsnormen[113] Betriebsnormen sind, wird nicht einheitlich behandelt. Als Parallele können § 7 Abs. 1 und 2 AZO[114] herangezogen werden, da nach dieser Vorschrift Tarifvertragsänderungen vergleichbar mit § 4 Abs. 1 EArbZG für zulässig erklärt werden. Einerseits wird die Ansicht vertreten, eine Betriebsnorm könne nur dann vorliegen, wenn gleichzeitig auch die betriebliche Ordnung geregelt werde. Soweit bloß die öffentlichrechtliche Zeitgrenze ersetzt werde, liege keine normativ wirkende Betriebsnorm vor.[115] Andererseits wird darauf abgestellt, daß für einen Betrieb sinnvoll nur einheitlich geregelt werden könne, wie lange der Arbeitgeber die Arbeitnehmer ohne Verletzung von Arbeitszeitvorschriften[116] beschäftigen dürfe.[117] Letzterer Ansicht ist der Vorzug zu geben.

---

[109] unter Normen über betriebliche Fragen sind Regelungen zu verstehen, die dem Arbeitgeber bestimmte Pflichten oder Rechte gegenüber der gesamten oder Teilen der Belegschaft auferlegen oder einräumen

[110] darunter werden Bestimmungen verstanden, die ganz allgemein das Verhältnis zwischen Arbeitgeber und Betriebsrat regeln

[111] vgl. zur Differenzierung von Regelungsbereich und Rechtswirkung Wiedemann/Stumpf, TVG § 1 Rn 243 ff.; vgl. auch Gliederungspunkt A., II. unten

[112] Richardi, Kollektivgewalt und Individualwille, S. 240

[113] vgl. zu dem Begriff Richardi, Kollektivgewalt und Individualwille, S. 240 ff.

[114] so auch Richardi, Kollektivgewalt und Individualwille, S. 240 f.

[115] Denecke/Neumann, AZO § 7 Rn 8; Dieterich, Die betrieblichen Normen, S. 74

[116] vgl. § 25 Abs. 1 Nr. 3 AZO

[117] Meisel/Hiersemann, AZO § 7 Rn 12; Zmarzlik, AZO § 7 Rn 10; a.A. Richardi, Kollektivgewalt und Individualwille, S. 241; ähnlich Wiedemann/Stumpf, TVG § 1 Rn 243

Die Zulassungsnormen sind als Betriebsnormen einzuordnen. Sie bewirken allerdings in dieser Form lediglich die Möglichkeit einer Beschäftigung außerhalb der Bestimmungen des gesetzlichen Arbeitszeitschutzes. Dadurch wird eine Ordnungswidrigkeit innerhalb der zugelassenen Grenzen ausgeschlossen.

(3) Ausgangspunkt des Gesetzgebers

In § 4 Abs. 1 EArbZG wird die Regelung von Arbeitszeitfragen durch die Tarifvertragsparteien zugelassen. Damit soll abweichend von den starren gesetzlichen Arbeitszeitbestimmungen auf kollektiver Ebene eine Änderung innerhalb eines vorgegebenen Rahmens zugelassen werden. Der Gesetzgeber schafft damit die Möglichkeit, den Rahmen für Arbeitszeitregelungen weiter zu fassen. Angaben über die Ausfüllung sind nicht enthalten. Daß läßt darauf schließen, daß es sich ähnlich wie in § 7 Abs. 1, 2 AZO um eine reine Zulassungsnorm handelt. Oftmals werden Zulassungsnormen auch mit der Verpflichtung zur Arbeitsleistung verbunden.[118] Diese Rechtswirkungen sind jedoch streng voneinander zu trennen.[119] Die Zulassungsnorm als Betriebsnorm wirkt im Rahmen von § 4 Abs. 1 S. 2 TVG auch für tarifungebundene Arbeitnehmer;[120] bei der Aufnahme von Arbeitsverpflichtungen im Tarifvertrag wäre damit zugleich die Qualifizierung als Inhaltsnorm gegeben, da auch eine Einwirkung auf die Arbeitspflicht und somit auf das Arbeitsverhältnis gegeben wäre.[121] Von dieser Konstellation ist allerdings nicht auszugehen. § 4 Abs. 1 EArbZG schafft die Möglichkeit zur Erweiterung des arbeitsschutzrechtlichen Rahmens und läßt innerhalb dieses erweiterten Rahmens Regelungen zu! Die Ausfüllung dieses Rahmens muß erst noch erfolgen.

---

[118] Meisel/Hiersemann, AZO § 7 Rn 14 f.; Denecke/Neumann, AZO § 7 Rn 16; Zmarzlik, AZO § 7 Rn 7, vgl. aber auch Rn 8

[119] Meisel/Hiersemann, AZO § 7 Rn 16; Denecke/Neumann, AZO § 7 Rn 9, 14 f.

[120] soweit der Arbeitgeber tarifgebunden ist, § 3 Abs. 2 TVG

[121] interessant insoweit die Ausführung bei Heinze, Betriebsvereinbarung versus Tarifvertrag? NZA 1989, 41 ff., der auf die Problematik der Außenwirkung bei Verbindung von Inhalts- und Betriebsnormen hinweist

(4) Bewertung

Entsprechend der Intention des Gesetzgebers soll der Entwurf des Arbeitszeitgesetzes den öffentlich-rechtlichen Arbeitsschutz für Arbeitnehmer neu regeln. Wie bisher soll dadurch die Gesundheit der Arbeitnehmer geschützt werden. Die neuen Vorschriften des Gesetzentwurfes enthalten jedoch keine privatrechtlichen Verpflichtungen, während der zulässigen gesetzlichen Höchstarbeitszeiten Arbeit zu leisten, da lediglich die Erfüllung eines Ordnungswidrigkeitstatbestandes modifiziert wird. Die tarifvertragliche Zulassung ist als Betriebsnorm zu verstehen. Der zeitliche Umfang der Verpflichtung zur Arbeitsleistung wird durch einen solchen Tarifvertrag nicht berührt. Hat ein Tarifvertrag die Arbeitszeitfragen umfassend geregelt, scheidet eine Betriebsvereinbarung über abweichende Regelungen gem. § 4 Abs. 1 EArbZG aus.

bb) Unterschiedliche Aufgabenstellung für Tarifvertrags und Betriebsvereinbarungsparteien

(1) Aufgaben der Tarifvertragsparteien

Den Tarifvertragsparteien ist es aufgegeben, die Interessen ihrer Mit-glieder auf arbeits- und sozialrechtlichem Gebiet wirksam und nachhaltig zu vertreten.[122] Zu ihren Aufgaben gehört die Wahrung und Förderung der Arbeits- und Wirtschaftsbedingungen.[123] Bei Ausübung der Tarifautonomie sind die Tarifvertragsparteien daher auch an das Gemeinwohl gebunden.[124] Es darf nicht übersehen werden, daß der Tarifvertrag eine Kompromißlösung zwischen den Erfordernissen der marktwirtschaftlichen Unternehmensführung einerseits und der Ausprägung der Forderung nach sozialem Fortschritt andererseits ist.[125] In diesen Ausgleich der unterschiedlichen

---

[122] Schmidt-Bleibtreu/Klein, GG Art. 9 Rn 14

[123] vgl Wortlaut Art. 9 Abs. 3 S. 1 GG; Brox, Arbeitsrecht, Kap. 8 I 2 c), weite Auslegung in dem Sinn, daß die Umstände hinzuzählen, die für die wirtschaftliche und soziale Lage der Arbeitsvertragsparteien von Bedeutung sind; s. auch Heinze, Betriebsvereinbarung versus Tarifvertrag? NZA 1989, 41 ff. (45)

[124] vgl. Zöllner, Arbeitsrecht § 38 V m.w.N. (dort Fußn. 18); vgl. auch Hinweise bei Brox, Arbeitsrecht, Kap. 8 I 1 zur Bedeutung der Gewerkschaften und Arbeitgeberverbände im Wirtschaftsleben

Interessen spielt hinein, daß oftmals weitere Verhandlungen geführt und Problembereiche beleuchtet werden, die nach Lösungen verlangen und der öffentlichen Meinung und Kritik stark ausgesetzt sind. Zwischen den Tarifvertragsparteien finden sehr weitgefächerte Interessengegensätze unter Beachtung des Gemeinwohls Berücksichtigung, die neben dem Bestreben nach günstigen arbeitsrechtlichen Bedingungen für den einzelnen auch die soziale Gerechtigkeit und den sozialen Frieden nicht vernachlässigen dürfen.[126] Selbst die soziale Fürsorge gehört zum Aufgabenbereich der Tarifvertragsparteien, wenn die Regelung an das Arbeitsverhältnis zwischen Arbeitnehmer und Arbeitgeber anknüpft.[127]

(2) Aufgaben der Betriebsvereinbarungsparteien

Wenn auch Arbeitgeber und Betriebsrat unter Beachtung der geltenden Tarifverträge vertrauensvoll und im Zusammenwirken mit den im Betrieb vertretenen Gewerkschaften (und Arbeitgebervereinigungen) zusammenarbeiten,[128] ist der Gesetzgeber davon ausgegangen, daß Gewerkschaften und Betriebsräte unterschiedliche Aufgaben und Funktionen haben.[129] Auch wenn dies nicht uneingeschränkt gilt,[130] so ergibt sich jedoch die entscheidende Trennung daraus, daß die gesetzlichen Mitbestimmungs- und Mitwirkungsaufgaben des BetrVG ausschließlich dem Betriebsrat zugewiesen sind. Die Gewerkschaften können nicht die erforderlichen Mitwirkungshandlungen vornehmen, ihnen stehen auch nicht dieselben Befugnisse wie

---

[125] sehr weitgehend: Hagemeier/Kempen/Zachert/Zilius, TVG Einl. Rn 86 ff. (89), wo darauf abgestellt wird, daß das Wirtschaftsleben stets auch eine soziale Seite habe und daher kaum ein unternehmerischer Entscheidungssektor koalitionsspezifischen Entscheidungen unzugänglich sei; einschränkend Wiedemann/Stumpf, TVG Einl. Rn 168 f., die die Regelungsbefugnis der Tarifvertragsparteien verneinen, wenn ausschließlich oder überwiegend die allgemeine Wirtschafts- und Arbeitsmarktpolitik gestaltet werden soll

[126] Kissel, Das Spannungsfeld zwischen Betriebsvereinbarung und Tarifvertrag, NZA 1986, 73 ff. (74 f.)

[127] so ausdrücklich Wiedemann/Stumpf, TVG Einl. Rn 169

[128] vgl. insoweit auch § 2 Abs. 1 BetrVG

[129] BT-Drucks. 6/1786 S. 33 f.

[130] vgl. insbesondere: Richardi, Betriebsratsamt und Gewerkschaft, RdA 1972, 8 ff.; Thiele, GK-BetrVG Einl. Rn 90 ff.; Dietz/Richardi, BetrVG § 2 Rn 28, 54 ff., 71 ff.; Stege/Weinspach, BetrVG § 2 Rn 9 ff.; Reuter, Umfang und Schranken des gewerkschaftlichen Zutrittsrechts zum Betrieb unter besonderer Berücksichtigung der Seeschiffahrt, ZfA 1976, 107 ff. (131 - 139)

den Betriebsräten zu.[131] Selbst wenn soziale Angelegenheiten auf Tarifebene behandelt werden,[132] ist damit nicht die betriebsverfassungsrechtliche Stellung des Betriebsrates gegeben.[133] Außerdem vertritt der Betriebsrat das Recht der Gesamt- oder Teilbelegschaft unabhängig von gewerkschaftlicher Organisation. Im Einzelfall ist daher durchaus ein Widerspruch zur Auffassung der Gewerkschaft möglich, insbesondere wenn sie nur einen kleinen Teil der Belegschaft repräsentiert.[134]

(3) Bewertung

Arbeitgeber, Betriebsrat und Gewerkschaft haben nach der gesetzlichen Fassung des § 2 Abs. 1 BetrVG zum Wohl der Arbeitnehmer und des Betriebes zusammenzuarbeiten. Dadurch kommt zum Ausdruck, daß die Gewerkschaft diese Ziele zwar im Zusammenwirken mitverfolgen soll, doch ist eine betriebliche Lösung von Problemen eher durch die praxisgerechte und sachnahe Betriebsratsarbeit zu erwarten. Wenn auch Überschneidungen der Aufgabenstellungen gegeben sind,[135] läßt sich hieraus nichts für die Schaffung von Zulassungsnormen entnehmen.

cc) Unterschiedlichkeit der Regelungsinstrumentarien Tarifvertrag und Betriebsvereinbarung

Art. 9 Abs. 3 GG gewährleistet, daß zur Wahrung und Förderung der Arbeits- und Wirtschaftsbedingungen den Tarifparteien eine weite Regelungszuständigkeit übertragen bleibt.[136] Den freigebildeten Koalitionen ist diese im öffentlichen Interesse liegende Aufgabe zugewiesen und in einem Kernbereich garantiert. Der Staat hat hier seine Zuständigkeit zur Rechtssetzung weit zurückgenommen, insbesondere bei den Löhnen und sonstigen

---

[131] Thiele, GK-BetrVG Einl. Rn 91

[132] die Möglichkeit dazu besteht, wie sich bereits aus dem Gesetz ergibt, vgl. §§ 1 Abs. 1, 3 Abs. 2, 4 Abs. 1 TVG

[133] vgl. oben auch: Dybowski-Johannson, Die Interessenvertretung durch den Betriebsrat, S. 75 ff.; Meyer, Arbeitgeber und Betriebsrat, S. 22 f.

[134] so ausdrücklich: Stege/Weinspach, BetrVG § 2 Rn 10

[135] vgl. §§ 1 Abs. 1, 3 Abs. 2, 4 Abs. 1 S. 2 TVG für betriebliche und betriebsverfassungsrechtliche Fragen

[136] Wiedemann/Stumpf, TVG Einl. Rn 30, 33; Hagemeier/Kempen/Zachert/Zilius, TVG Einl. Rn 89

materiellen Arbeitsbedingungen.[137] Selbst wenn man davon ausgeht, daß durch Betriebsvereinbarung grundsätzlich alle Arbeitsbedingungen geregelt werden können,[138] enthält § 77 Abs. 3 S. 1 BetrVG eine negative Abgrenzung des Regelungsbereiches für Betriebsvereinbarungen.[139] Während Tarifverträge den gesamten Bereich der Arbeits- und Wirtschaftsbedingungen abdecken können, ist für die Betriebspartner der Regelungsbereich durch das Betriebsverfassungsgesetz unzweifelhaft eingeschränkt.[140]

(1) Zuweisung der Regelungszuständigkeit bei materiellen Arbeitsbedingungen

(a) Grundsätzliche Zuweisung der Regelungszuständigkeit

Art. 9 Abs. 3 GG gewährleistet für jedermann und für alle Berufe das Recht, zur Wahrung und Förderung der Arbeits- und Wirtschaftsbedingungen Koalitionen (Vereinigungen) zu bilden.[141] Die Koalitionsfreiheit gewährleistet die Freiheit des Zusammenschlusses in Vereinigungen zur Förderung der Arbeits- und Wirtschaftsbedingungen und die Freiheit der gemeinsamen Verfolgung dieses Zweckes.[142] Hierzu gehört der Abschluß von Tarifverträgen, durch die die Koalitionen insbesondere den Lohn und sonstige materielle Arbeitsbedingungen in einem Bereich in eigener

---

[137] Schmidt-Bleibtreu/Klein, GG Art. 9 Rn 14; v.Münch, GG Art. 9 Rn 37; Hagemeier/Kempen/Zachert/Zilius, TVG § 1 Rn 1 f.; Dietz/Richardi, BetrVG § 77 Rn 173; Kreutz, GK-BetrVG § 77 Rn 68 ff.; Galperin/Löwisch, BetrVG § 77 Rn 70 ff.; Fitting/Auffarth/Kaiser/Heither, BetrVG § 77 Rn 65 ff. (67 ff.); Stege/Weinspach, BetrVG § 77 Rn 10, 12

[138] Kreutz, GK-BetrVG § 77 Rn 68 (m.w.H.)

[139] Dietz/Richardi, BetrVG § 77 Rn 183 ff., 49, 39; Galperin/Löwisch, BetrVG § 77 Rn 73 - 75; Fitting/Auffarth/Kaiser/Heither, BetrVG § 77 Rn 70 f., die aus § 77 Abs. 3 BetrVG die positive Folgerung ziehen, daß alle Arbeitsentgelte und alle sonstigen Arbeitsbedingungen durch Betriebsvereinbarung geregelt werden können, wenn diese Gegenstände nicht durch Tarifvertrag geregelt sind oder üblicherweise geregelt werden

[140] vgl. dazu den Wortlaut der Bestimmungen § 1 Abs. 1 TVG, §§ 77 Abs. 3, 87 Abs. 1 Einleitungssatz BetrVG; aber auch Zachert, Neue Entwicklungen zur Tarifautonomie und betrieblichen Mitbestimmung, NZA 1988, 185 ff., (188 f.) zur Erweiterung der Regelungszuständigkeit durch die Tarifvertragsparteien

[141] Schmidt-Bleibtreu/Klein, GG Art. 9 Rn 12

[142] BVerfGE 38, 386 ff. (393) = AP Nr. 50 zu Art. 9 GG Arbeitskampf

Verantwortung und im wesentlichen ohne staatliche Einflußnahme regeln,[143] in dem der Staat seine Regelungszuständigkeit weit zurückgenommen hat;[144] insofern dient die Koalitionsfreiheit einer sinnvollen Ordnung des Arbeitslebens. Als Partner von Tarifverträgen müssen die Koalitionen frei gebildet, gegnerfrei und auf überbetrieblicher Grundlage organisiert,[145] ihrer Struktur nach unabhängig genug sein, um die Interessen ihrer Mitglieder auf arbeits- und sozialrechtlichem Gebiet nachhaltig zu vertreten[146] und das geltende Tarifrecht als für sich verbindlich anerkennen. Art. 9 Abs. 3 GG überläßt den Koalitionen grundsätzlich die Wahl der Mittel, die sie zur Erreichung ihres Zweckes für geeignet halten.[147] Danach ist auch die Regelungszuweisung an die Betriebspartner gedeckt. Eine originäre Regelungszuständigkeit ist in der Verfassung allerdings nicht für die Betriebsparteien vorgesehen.[148] Auf Betriebsebene ist weder eine überbetriebliche Organisation[149] noch wirtschaftliche Unabhängigkeit[150] noch eine freiwillige Vereinigung[151] gegeben. Daher ist zumindest bei materiellen Arbeitsbedingungen grundsätzlich von einer Regelungszuständigkeit der Tarifvertragsparteien auszugehen.[152]

[143] vgl. die Zuständigkeit gem. Art. 74 Nr. 12 GG, wonach sich die konkurrierende Gesetzgebung auf das Arbeitsrecht einschließlich der Betriebsverfassung, des Arbeitsschutzes und der Arbeitsvermittlung sowie die Sozialversicherung einschließlich der Arbeitslosenversicherung erstreckt

[144] BVerfGE 44, 322 ff. (340)

[145] BVerfGE 18, 18 ff. (28)

[146] BVerfGE 18, 18 ff. (28)

[147] BVerfGE 18, 18 ff. (29 ff., insb. 32) = AP Nr. 15 zu § 2 TVG

[148] vgl. insoweit auch die Bedenken von Kissel, Das Spannungsfeld zwischen Betriebsvereinbarung und Tarifvertrag, NZA 1986, 73 ff. (78 ff.)

[149] Dietz/Richardi, BetrVG § 2 Rn 38 (mit weiteren Literaturhinweisen); Wiedemann/Stumpf, TVG § 2 Rn 163 ff. (mit Literaturhinweisen in Rn 163), der allerdings keinen zwingenden Grund für die Überbetrieblichkeit einer Tarifvertragspartei sieht

[150] Dietz/Richardi, BetrVG § 2 Rn 39; Wiedemann/Stumpf, TVG § 2 Rn 151; beachte insoweit auch § 40 Abs. 1, 2 BetrVG, wonach der Arbeitgeber die durch die Betriebsratstätigkeit verursachten Kosten zu tragen hat!

[151] Dietz/Richardi, BetrVG § 2 Rn 30 f.; Wiedemann/Stumpf, TVG § 2 Rn 125 ff. (127); beachte insoweit auch die unmittelbare und zwingende Wirkung von Betriebsvereinbarungen für alle Arbeitnehmer des Betriebes gem. § 77 Abs. 4 BetrVG, der man sich grundsätzlich nur durch eine Kündigung entziehen könnte

[152] vgl. dazu § 2 Abs. 1 - 3 TVG, ebenso auf die später noch einzugehenden §§ 87 Abs. 1 S. 1 und 77 Abs. 3 S. 1, 2 BetrVG

(b) Materielles Regelungsmonopol auf Tarifebene

Daß die Regelung materieller Arbeitsbedingungen grundsätzlich den Tarifvertragsparteien zuzuordnen ist, schließt nicht aus, daß auch auf anderer Ebene entsprechende Inhalte abschließend behandelt werden können.[153] Dagegen sprechen auch keine verfassungsrechtlichen Bedenken. Auch das Bundesverfassungsgericht geht in ständiger Rechtsprechung davon aus, daß Art. 9 Abs. 3 GG die Koalitionsfreiheit nur in ihrem Kernbereich schützt.[154] Das Grundrecht räumt den geschützten Personen und Vereinigungen keinen inhaltlich unbegrenzten und unbegrenzbaren Handlungsspielraum mit Verfassungsrang ein.[155] Betriebsverfassung und Unternehmensmitbestimmung stehen als Form der Förderung von Arbeits- und Wirtschaftsbedingungen neben der Koalitionsfreiheit und der durch sie gewährleisteten Tarifautonomie.[156]

Im Urteil des Bundesverfassungsgerichts zur Verfassungsmäßigkeit des Mitbestimmungsgesetzes 1976 vom 01. März 1979[157] wird ausgeführt, das Grundrecht enthalte keine Bestandsgarantie für das Tarifvertrags- und Arbeitskampfsystems in seiner konkreten gegenwärtigen Gestalt. Art. 9 Abs. 3 GG lasse sich auch nicht dahingehend auslegen, daß nur ein Tarifsystem als ausschließliche Form zur Förderung der Arbeits- und Wirtschaftsbedingungen gewährleistet sei.[158] Als Freiheitsrecht wolle Art. 9 Abs. 3 GG in dem von staatlicher Regelung freigelassenen Raum gewährleisten, daß die Beteiligten selbst eigenverantwortlich bestimmen könnten, wie sie die Arbeits- und Wirtschaftsbedingungen fördern wollten. Daß dies nur über Tarifverträge erreicht werden könne, sei nicht zu erkennen, zumal eine solche Lösung auf eine Einschränkung der gewährleisteten Freiheit hinausliefe. Vielmehr könne die sinnvolle Ordnung

---

[153] zur Mitbestimmung bei materiellen Arbeitsbedingungen vgl. Dietz/Richardi, BetrVG § 87 Rn 24 m.w.N. (insb. 27); Fitting/Auffarth/Kaiser/Heither, BetrVG § 87 Rn 20; Stege/Weinspach, BetrVG § 87 Rn 14

[154] BVerfGE 19, 303 ff. (321 f) = AP Nr. 7 zu Art. 9 GG; BVerfGE 28, 295 ff. (304) = AP Nr. 16 zu Art. 9 GG; BVerfGE 38, 281 ff. (305) = AP Nr. 23 zu Art. 9 GG; BVerfGE 38, 386 ff. (393) = AP Nr. 50 zu Art. 9 GG Arbeitskampf

[155] BVerfGE 38, 386 ff. (393) = AP Nr. 50 zu Art. 9 GG Arbeitskampf

[156] Dietz/Richardi, BetrVG Einl. § 1 Rn 23, § 87 Rn 32

[157] BVerfGE 50, 290 ff. = AP Nr. 1 zu § 1 MitbestG.

[158] BVerfGE 50, 290 ff. (371) = AP Nr. 1 zu § 1 MitbestG.

und Befriedung des Arbeitslebens, um die es Art. 9 Abs. 3 GG gehe, auf verschiedenen Wegen angestrebt werden: Nicht nur durch Gestaltungen, die, wie das Tarifsystem, durch die Grundelemente der Gegensätzlichkeit der Interessen, des Konflikts und des Kampfes bestimmt seien, sondern auch durch solche, die Einigung und Zusammenwirken in den Vordergrund rückten, wenngleich sie Konflikte und deren Austragung nicht ausschließen könnten.[159] Aus verfassungsrechtlichen Gründen kann deshalb einer Verlagerung der Gestaltung der Arbeitsbedingungen vom Tarifvertrag auf die Betriebsvereinbarungsebene nicht begegnet werden.[160] Aus Art. 9 Abs. 3 GG ergeben sich insoweit keine Grenzen, da dessen Kernbereich durch Delegation von der Tarif auf die Betriebsebene nicht tangiert wird.[161]

(2) Tarifvorrang und Tarifvorbehalt

(a) Begriffliche Klarstellung

§ 77 Abs. 3 BetrVG bestimmt, daß Arbeitsentgelte und sonstige Arbeitsbedingungen, die durch Tarifvertrag geregelt sind oder üblicherweise geregelt werden, nicht Gegenstand einer Betriebsvereinbarung sein können.[162] Den Koalitionen ist zur Wahrung der Tarifautonomie und zur Vermeidung von Auseinandersetzungen im Betrieb ein absoluter Vorrang[163] bei der Regelung von Arbeitsentgelt und sonstigen Arbeitsbedingungen eingeräumt.[164] Soweit es sich um Angelegenheiten der sozialen Mitbestimmung

---

[159] BVerfGE 50, 290 ff. (371 f.) = AP Nr. 1 zu § 1 MitbestG.

[160] Buchner, Arbeitszeitregelungen im Spannungsfeld zwischen Tarifvertrag und Betriebsvereinbarung, NZA 1986, 377 ff. (380), der den Äußerungen des Bundesverfassungsgerichts entnimmt, daß sie Satz für Satz auch die Interessenwahrung auf betrieblicher Ebene im Wege ergänzender Betriebsvereinbarungen legitimierten; Meik, Kernbereich der Tarifautonomie, S. 194 ff.

[161] zur Verlagerung von der Tarif- auf die Betriebsebene vgl. Ehmann, Vom Arbeitskampfrecht zur Mitbestimmung - Entwicklungen in der Krise des Sozialismus, NZA 1991, 1 ff. (6 f.); vgl. aber auch Kissel, Das Spannungsfeld zwischen Betriebsvereinbarung und Tarifvertrag, NZA 1986, 73 ff. (79), der zu bedenken gibt, ob nicht die Verfassung mit dieser Bestimmung die kollektiven Regelungen in den Fragen der Arbeits- und Wirtschaftsbedingungen durch die Koalitionen wollte; m.E. gibt die Rechtsprechung des BVerfG im grundlegenden Urteil zum Mitbestimmungsgesetz 1976 eine klare Antwort und bejaht die Delegationsmöglichkeit

[162] Verankerung des Tarifvorranges in § 77 Abs. 3 BetrVG

[163] Schaub, Arbeitsrechts-Handbuch § 235 V 2 a

[164] vgl. Meik, Kernbereich der Tarifautonomie, S. 194, der mit seinem Vergleich einer ausschließlichen und vorrangigen Regelungsbefugnis insoweit Verwirrung stiftet, als begrifflich eine vorrangige Regelung bei Tarifvorbehalt angenommen wird

handelt, greift nur die Schranke des § 87 Abs. 1 Einleitungssatz BetrVG. Danach sind betriebliche Regelungen nur zugelassen, soweit eine gesetzliche oder tarifliche Regelung nicht besteht.[165] Hier existiert nur ein tariflicher Vorbehalt.

(b) Formelle und materielle Arbeitsbedingungen

Die Aufspaltung in formelle und materielle Arbeitsbedingungen geht auf die Regelungen des Betriebsverfassungsgesetzes 1952 zurück. Dort wurde der Tarifvorrang[166] auf die materiellen und der Tarifvorbehalt in sozialen Angelegenheiten[167] auf die formellen Arbeitsbedingungen angewendet.[168] Das BetrVG 1972 hat diese Differenzierung jedoch obsolet gemacht. Die herrschende Meinung[169] geht davon aus, daß der Mitbestimmung im Sinne des § 87 BetrVG nunmehr auch materielle Arbeitsbedingungen unterliegen.[170] Der Gesetzgeber hat die Differenzierung zwischen formellen und materiellen Arbeitsbedingungen nicht mehr zur Grundlage seiner Entscheidung gemacht.[171] Zwar ist die Abgrenzung der mitbestimmungspflichtigen Tatbestände so vorgenommen, daß hauptsächlich formelle Arbeitsbedingungen aufgeführt sind,[172] jedoch ist der Anwendungsbereich nicht darauf beschränkt.[173] Diese Differenzierung nach formellen und materiellen Arbeitsbedingungen ist daher nicht sehr ergiebig.[174]

---

[165] Verankerung des Tarifvorbehaltes in § 87 Abs. 1 Einleitungssatz BetrVG

[166] vgl. dazu die Vorschrift des § 59 BetrVG 1952

[167] vgl. dazu die Vorschrift des § 56 BetrVG 1952

[168] vgl. dazu Richardi, Kollektivgewalt und Individualwille, S. 269 f., 255 ff. m.w.N.; zur Mindermeinung vgl. Nachweise bei Wiese, GK-BetrVG § 87 Rn 26

[169] vgl. für viele: Wiese, GK-BetrVG § 87 Rn 27, 33 (dort m.w.N.)

[170] insb. § 87 Abs. 1 Nr. 3, Nr. 10, Nr. 11 BetrVG

[171] Dietz/Richardi, BetrVG § 87 Rn 26 ff. (m.w.N)

[172] vgl. die Herausstellung der Nr. 1 in § 87 Abs. 1 BetrVG

[173] vgl. auch Kreutz, GK-BetrVG § 77 Rn 68 ff., insb. 72 ff., der die sonstigen Arbeitsbedingungen in § 77 Abs. 3 S. 1 BetrVG nicht auf die sog. materiellen Arbeitsbedingungen beschränkt sieht; dies sei dem Wortlaut nicht zu entnehmen

[174] s. auch Heinze, Betriebsvereinbarung versus Tarifvertrag? NZA 1989, 41 ff. (45 - 47)

(c) Vorrang- und Zweischrankentheorie

Ob der Vorrang des Tarifvertrages nicht beachtet wird und dadurch die Unwirksamkeit der Betriebsvereinbarung insbesondere bei bloßer Tarifüblichkeit gegeben ist, hängt maßgeblich davon ab, ob man der Vorrang- oder der Zweischrankentheorie den Vorzug gibt.[175] Das BAG hat sich in mehreren neueren Entscheidungen der sog. Vorrang-Theorie angeschlossen[176] und ausgeführt, daß eine Regelung nach § 87 Abs. 1 BetrVG sei nicht schon dann ausgeschlossen, wenn die entsprechende mitbestimmungspflichtige Angelegenheit üblicherweise durch Tarifvertrag im Sinne von § 77 Abs. 3 S. 1 BetrVG geregelt sei.[177] Wenn das BetrVG zum Schutz der Tarifautonomie tarifvertraglichen Regelungen grundsätzlich den Vorrang vor betrieblichen Regelungen einräume,[178] so hindere das die Tarifvertragsparteien nicht, diesen Vorrang für eine tarifvertragliche Regelung nicht in Anspruch zu nehmen und damit einer mitbestimmten Regelung durch die Betriebspartner den Vorrang zu gewähren.[179]

Dabei wird verkannt, daß § 77 Abs. 3 BetrVG und § 87 Abs. 1 BetrVG unterschiedliche Regelungszwecke und -bereiche verfolgen.[180] § 77 Abs. 3 BetrVG will den Tarifvertragsparteien gegenüber den Betriebsvereinbarungs-

---

[175] Über die Anwendung und das Verhältnis von § 77 Abs. 3 BetrVG und § 87 Abs. 1 Einleitungssatz BetrVG besteht eine nahezu unübersehbare Meinungsvielfalt; vgl. sehr ausführlich dazu die Darstellung bei: Kreutz, GK-BetrVG § 77 Rn 118 f.

[176] BAG Beschluß v. 24.02.1987 - 1 ABR 18/85 in BB 1987, 1246 ff. = AP Nr. 21 zu § 77 BetrVG = DB 1987, 1435 ff. = NZA 1987, 639 ff.; BAG Beschluß v. 06.12.1988 - 1 ABR 44/87 in BB 1989, 851 ff.= NZA 1989, 479 ff., wo ausgeführt wird, daß das Mitbestimmungsrecht nur ausgeschlossen sei, wenn die Angelegenheit für den Arbeitgeber bindend durch Tarifvertrag geregelt sei, S. 480; BAG Beschluß vom 31.01.1989 - 1 ABR 69/87 in NZA 1989, 646 ff.; BAG Urteil v. 14.02.1989 - 1 AZR 97/88 in AP Nr. 8 zu § 87 BetrVG Akkord = NZA 1989, 648 ff.

[177] BAG Beschluß v. 31.01.89 in NZA 1989, 646 ff. (647)

[178] vgl. Meik, Der Kernbereich der Tarifautonomie, S. 203, der darauf abstellt, daß den Tarifvertragsparteien von Verfassungs wegen eine zumindest vorrangige Regelungsbefugnis bei den üblicherweise durch Tarifvertrag geregelten Arbeitsentgelten und sonstigen Arbeitsbedingungen gewährleistet sei, bei den sozialen Angelegenheiten aber nur eine gleichrangige Regelungsbefugnis annimmt

[179] BAG Urteil v. 14.02.89 in NZA 1989, 648 ff. (649)

[180] Fitting/Auffarth/Kaiser/Heither, BetrVG § 77 Rn 65, § 87 Rn 7; Dietz/Richardi, BetrVG § 77 Rn 190 ff., § 87 Rn 115 ff.; Stege/Weinspach, BetrVG § 77 Rn 10 ff., § 87 Rn 26 ff. (28)

partnern den Normsetzungsvorrang sichern.[181] Danach sollen die Betriebsräte gerade nicht die Möglichkeit der Selbstdarstellung bei den materiellen Arbeitsbedingungen, also auf klassischem Gebiet der Tarifpolitik, erhalten. Ansonsten würde der Kernbereich der Tarifautonomie leerlaufen.[182] In der herrschenden Literaturmeinung wird darauf abgestellt, daß die Systematik des Betriebsverfassungsgesetzes einer anderen Auslegung widerspreche, da § 77 BetrVG im ersten Abschnitt "Allgemeines" des 4. Teils des Gesetzes stehe und somit für die nachfolgenden Mitbestimmungstatbestände gelte. Dies komme auch durch die Anordnung der Unanwendbarkeit des § 77 Abs. 3 BetrVG als Ausnahmeregel für den Sozialplan in § 112 Abs. 1 S. 4 BetrVG zum Ausdruck.[183] An diesen Argumenten kann auch das Bundesarbeitsgericht nicht vorbeigehen, so daß der Zweischrankentheorie der Vorzug zu geben ist.

(3) Durchsetzbarkeit von Forderungen

Ein großer Unterschied zwischen Tarifvertrag und Betriebsvereinbarung ergibt sich aus der Durchsetzbarkeit von Forderungen. Auf Tarifebene haben die Koalitionen das gesamte Arbeitskampfrecht zur Verfügung.[184] Auf Betriebsebene besteht sogar ein gesetzliches Verbot[185] von Maßnahmen des Arbeitskampfes zwischen Arbeitgeber und Betriebsrat.[186] Die Möglichkeiten zur Durchsetzung von Zielen für das Zustandekommen der unterschiedlichen Regelwerke sind zugunsten der tariflichen Auseinandersetzung ausgestaltet und gesetzlich weiter gefaßt.[187]

---

[181] Stege/Weinspach, BetrVG § 87 Rn 35 c; Fitting/Auffarth/Kaiser/Heither, BetrVG § 77 Rn 65, § 87 Rn 7; vgl. auch Richardi in Anm. zum Beschluß des BAG vom 24.02.1987 in AP Nr. 21 zu § 77 BetrVG

[182] Stege/Weinspach, BetrVG § 87 Rn 35 c

[183] so Richardi in Anm. zum Beschluß des BAG vom 24.02.87 in AP Nr. 21 zu § 77 BetrVG; Fitting/Auffarth/Kaiser/Heither, BetrVG § 77 Rn 65, § 87 Rn 7; Stege/Weinspach, BetrVG § 87 Rn 35 c

[184] vgl. insoweit auch die Bedenken bei Kissel, Das Spannungsfeld zwischen Betriebsvereinbarung und Tarifvertrag, NZA 1986, 73 ff. (74)

[185] vgl. § 74 Abs. 2 S. 1, 3. Hs. BetrVG

[186] s. dazu Kreutz, GK-BetrVG § 74 Rn 8 ff.; Dietz/Richardi, BetrVG § 74 Rn 14 ff.; Fitting/Auffarth/Kaiser/Heither, BetrVG § 74 Rn 4 ff.; Stege/Weinspach, BetrVG § 74 Rn 3 ff.

[187] zum einen existiert das gesamte Arbeitskampfrecht, das aus Art. 9 Abs. 3 GG hergeleitet wird, zum anderen sogar das gesetzliche Verbot von Arbeitskampfmaßnahmen in § 77 Abs. 2 S. 1 BetrVG

(4) Zwangsschlichtungsverfahren

Während bei harten Auseinandersetzungen auf Tarifebene der Arbeitskampf das Bild prägen kann, wird im Betriebsverfassungsgesetz bei nicht erreichbarer Einigung ein völlig anderer Weg beschritten. Wo die Mitbestimmung des Betriebsrates am stärksten ausgestaltet ist,[188] kann die Einigung bei einem Streit zwischen Arbeitgeber und Arbeitnehmervertretung durch einen Beschluß der Einigungsstelle ersetzt werden. Diese Art der Zwangsschlichtung ist im Tarifrecht unbekannt.[189] Ein rechtlich einklagbarer Anspruch der einen Tarifvertragspartei gegen die andere auf Führung von Tarifverhandlungen und deren Abschluß besteht nicht.[190]

(5) Bindungswirkung bei Tarifvertrag und Betriebsvereinbarung

Ein maßgeblicher Unterschied zwischen Tarifvertrag und Betriebsvereinbarung ergibt sich auch aus deren Geltungs- und Wirkungsbereich. Unterschiedliche Organisationsstrukturen von Tarifvertragsparteien und Betriebspartnern schaffen daher auch unterschiedliche Rechtswirkungen.

(a) Tarifvertragliche Bindungswirkung

Die Tarifunterworfenheit[191] der Verbandsangehörigen[192] ergibt sich aus der Mitgliedschaft bei diesem Verband,[193] wie sie sich aus dem internen Verbandsrecht darstellt.[194] Sie ist grundsätzlich[195] beschränkt auf die

[188] vgl. insb. die Mitbestimmung in sozialen Angelegenheiten nach § 87 Abs. 1 BetrVG und die Möglichkeiten nach § 87 Abs. 2 BetrVG

[189] vgl. Kreutz, GK-BetrVG § 76 Rn 6 f.

[190] vgl. auch BAG vom 14.02.1989 in AP Nr. 52 zu Art. 9 GG

[191] vgl. Wiedemann/Stumpf, TVG § 3 Rn 4, der den Ausdruck für plastischer hält als Tarifgebundenheit

[192] Biedenkopf, Grenzen der Tarifautonomie, S. 47 ff. zum Grundsatz der Legitimation der Tarifvertragsparteien

[193] vgl. § 3 Abs. 1 TVG; Wiedemann/Stumpf, TVG § 3 Rn 40; Meik, Kernbereich der Tarifautonomie, S. 157

[194] BAG AP Nr. 10 zu Art. 9 GG Arbeitskampf

Mitglieder der vertragsschließenden Verbände.[196] Die Befugnis zum Erlaß von Normen mit gesetzesgleicher Wirkung bedarf rechtsstaatlicher Ermächtigung und kann deshalb auf nicht oder anderweitig organisierte Arbeitnehmer nicht mit gleichem Erfolg erstreckt werden.[197] Die Mitglieder der vertragsschließenden Verbände werden durch deren Vereinbarungen verpflichtet. Diese Tarifnormunterworfenheit resultiert aus der Zugehörigkeit zu den Verbänden, denen freiwillig beigetreten werden kann.[198]

(b) Bindungswirkung bei Betriebsvereinbarungen

Der persönliche Geltungsbereich und somit der Normadressat einer Betriebsvereinbarung ergibt sich aus dem Willen der Betriebsparteien. Erfaßt werden dann alle darunter fallenden Arbeitnehmer und deren Arbeitsverhältnisse.[199] Die Besonderheit der Betriebsvereinbarung besteht darin, daß sie trotz ihrer privatrechtsgeschäftlichen Begründung Normen enthält, die für die Arbeitnehmer eines Betriebes zwingend wirken, obgleich diese den Abschluß nicht selbst tätigen konnten.[200] Partei der Betriebsvereinbarung kann auf Arbeitnehmerseite nur der Betriebsrat sein.[201] Die Begründung dafür liegt darin, daß der Betriebsrat seine Befugnisse aus allgemeinen Wahlen durch die Arbeitnehmer des Betriebes herleitet. Rechte und Pflichten treffen den Betriebsrat im eigenen Namen. Insbesondere hat er neben den Interessen der Arbeitnehmer auch das Wohl des Betriebes zu berücksichtigen. Der Betriebsrat vertritt auch die Interessen der

---

[195] abgesehen von der Möglichkeit der Allgemeinverbindlicherklärung nach § 5 TVG und § 3 Abs. 2 TVG

[196] Wiedemann/Stumpf, TVG § 3 Rn 18

[197] zumindest die normative Wirkung entfällt; vgl. auch Richardi, Kollektivgewalt und Individualwille, S. 162

[198] Biedenkopf, Grenzen der Tarifautonomie, S. 58 f.; Richardi, Kollektivgewalt und Individualwille, S. 161 f.

[199] Kreutz, GK-BetrVG § 77 Rn 141 ff. (146); davon abweichend Fitting/Auffarth/ Kaiser/Heither, BetrVG § 77 Rn 26, die davon ausgehen, daß die Betriebsvereinbarung grundsätzlich für alle Arbeitnehmer des Betriebes gelte

[200] Kreutz, GK-BetrVG § 77 Rn 143

[201] Dietz/Richardi, BetrVG § 77 Rn 27 und als gleichgestellte Organe bei Zuständigkeit die Gesamt- und Konzernbetriebsräte

Arbeitnehmer, die nicht wahlberechtigt sind oder ihn nicht gewählt haben. Dabei ist der Betriebsrat frei von Weisungen der Arbeitnehmer. Aus diesen Gründen bietet sich die Bezeichnung Repräsentant der Belegschaft an, zumal die Struktur der Belegschaft als einer Zwangsgemeinschaft und die gesetzliche Stellung des Betriebsrates eine gewisse Ähnlichkeit mit dem Staatsvolk und ihren Repräsentanten aufweist.[202]

(6) Regelungsstreit und Wettbewerb

Je nach Regelungsinstrument ergeben sich auch völlig unterschiedliche Aspekte in Bezug auf den Markt. Bei dem Streit um betriebliche Regelungen darf nicht auf den Arbeitskampf zurückgegriffen werden. Solange eine Einigung nicht zustande kommt, mag sich dies auf das Betriebsklima auswirken. Unmittelbare Auswirkungen auf dem Markt sind dadurch nicht zu erwarten. Ganz anders stellt sich die Situation auf tariflicher Ebene dar. Wird in einem Betrieb gestreikt oder ausgesperrt, ruhen zumindest Teile der Produktion. Dadurch tritt grundsätzlich ein Konflikt innerhalb des Arbeitgeberlagers auf, da der Streik oder die Aussperrung in einem Unternehmen die Absatzmöglichkeiten der anderen Produzenten erhöht.[203] Bei langen Arbeitskämpfen können sich deshalb größere Marktanteilsverschiebungen ergeben. Dieser Nachteil des bestreikten oder aussperrenden Unternehmens führt gleichzeitig zum Vorteil bei anderen Unternehmern, die aufgrund des besseren Absatzes sogar ein Interesse an der Weiterführung der Kampfmaßnahmen haben können. Die potentielle Spaltung "eines Lagers" ist nur auf Tarifebene zu erwarten.[204]

---

[202] Dietz/Richardi, BetrVG § 1 Rn 19; Kraft, GK-BetrVG § 1 Rn 44; Fitting/Auffarth/Kaiser/Heither, BetrVG § 1 Rn 32; Stege/Weinspach, BetrVG § 2 Rn 2 a; Galperin/Löwisch, BetrVG vor § 1 Rn 19; Biedenkopf, Grenzen der Tarifautonomie, S. 273 (auch Fußn. 54); a.M. Thiele, GK-BetrVG Einl. Rn 81, da der Begriff privatrechts-dogmatisch inhaltsleer sei; Hess/Schlochauer/Glaubitz, BetrVG vor § 1 Rn 34

[203] Kissel, Das Spannungsfeld zwischen Betriebsvereinbarung und Tarifvertrag, NZA 1986, 73 ff. (79 f.)

[204] vgl. insoweit auch die unterschiedliche Aufgabenstellung unter A., I., 4., e), bb)

(7) Inhaltliche Kontrolle

(a) Inhaltliche Kontrolle von Tarifverträgen

Die Tarifvertragsparteien sind an Verfassungsrecht, zwingendes Gesetzesrecht, die guten Sitten und tragende Grundsätze des Arbeitsrechts gebunden.[205] Nach ständiger höchstrichterlicher Rechtsprechung haben die Gerichte die Vereinbarkeit eines Tarifvertrages mit diesen Rechtsquellen zu überprüfen. Eine darüber hinausgehende Inhaltskontrolle wird überwiegend abgelehnt.[206] Soweit den Tarifvertragsparteien durch tarifdispositives Gesetzes- oder Richterrecht ein Ermessensspielraum eingeräumt wird, prüfen die Gerichte lediglich nach, ob die gesetzlichen Richtlinien oder richterrechtlichen Grundsätze eingehalten wurden. Eine Zweckmäßigkeitskontrolle findet nicht statt.[207] Diese sehr eingeschränkte Überprüfbarkeit wird überwiegend mit dem Hinweis auf die Richtigkeitsgewähr der Tarifverträge begründet. Da den Tarifvertragsparteien nach dem Grundsatz der Waffengleichheit gleichwertige Kampfmittel zur Verfügung ständen, sei von einer Gleichgewichtslage auszugehen. Der Tarifvertrag als Ergebnis von Verhandlungen trage deshalb die Vermutung in sich, daß die Regelung den Interessen beider Seiten gerecht werde und keiner Seite ein unzumutbares Übergewicht aufbürde. Bei der Gestaltung von Rechtsbeziehungen außerhalb des Bereiches von Verfassungs- und zwingendem Gesetzesrecht hätten die Tarifvertragsparteien daher einen weiten Ermessensspielraum.[208]

(b) Inhaltliche Kontrolle von Betriebsvereinbarungen

Die Schranken für die inhaltliche Kontrolle von Betriebsvereinbarungen sind enger als beim Tarifvertrag. Neben der Bindung an zwingendes

---

[205] vgl. BAG vom 02.06.1961 in AP Nr. 63 zu Art. 3 GG = DB 1961, 1167 ff. = BB 1961, 172 ff. = NJW 1961, 1837 ff.

[206] Wiedemann/Stumpf, TVG Einl. Rn 127; Däubler/Hege, TVG Einl. Rn 169 ff., 247

[207] Wiedemann/Stumpf, TVG Einl. Rn 131; Hagemeier/Kempen/Zachert/Zilius, TVG Einl. Rn 129 ff.; vgl. auch Müller, Arbeitskampf und Recht, S. 70 f.; BAG vom 19.12.1958 in AP Nr. 3 zu § 2 TVG = DB 1959, 28 ff. = BB 1959, 488 ff.; Biedenkopf, Grenzen der Tarifautonomie, S. 81: "Den Gerichten dagegen ist es versagt, eine tarifvertragliche Regelung mit der Begründung als unzulässige Beschränkung der Vertragsfreiheit aufzuheben, sie sei unvernünftig oder unwirksam"; ders., a.a.O., S. 192 f.

[208] Wiedemann/Stumpf, TVG Einl. Rn 127

staatliches Recht[209] besteht eine Regelungssperre zugunsten der Tarifautonomie.[210] Anders als im Tarifrecht wird von der Rechtsprechung[211] und einem Teil der Literatur[212] eine gerichtliche Billigkeitskontrolle von Betriebsverveinbarungen für zulässig erachtet. Das überwiegende Schrifttum lehnt diese Auffassung ab.[213]

Begründet wird diese Billigkeitskontrolle hauptsächlich damit, daß die Betriebsratsmitglieder trotz besonderen Kündigungsschutzes[214] als Arbeitnehmer vom Arbeitgeber abhängig seien. Ferner sei dem Betriebsrat die Möglichkeit des Arbeitskampfes verwehrt.[215] Daher müsse die gerichtliche Inhaltskontrolle bei der Betriebsvereinbarung im Interesse des Schutzes der regelungsbetroffenen Arbeitnehmer weiter gehen als beim Tarifvertrag. Dies solle allgemein für jede Betriebsvereinbarung gelten.[216]

Gegen diese Annahme bestehen grundsätzliche Bedenken. Es wird dadurch nämlich die Unabhängigkeit der Betriebsratsmitglieder als Grundkonzeption der betrieblichen Mitbestimmung in Frage gestellt. Das Betriebsverfassungsgesetz geht jedoch nicht von einer gestörten Vertragsparität zwischen Betriebsrat und Arbeitgeber, sondern von einer Zusammenarbeit zum Wohle der Arbeitnehmer und des Betriebes aus.[217] Der Gesetzgeber vertraute darauf, daß die Betriebspartner die betrieblichen Angelegenheiten richtig ordnen können und der Betriebsrat auch beim Abschluß von Betriebsvereinbarungen zu kraftvoller Wahrnehmung der Arbeitnehmerinteressen in der Lage ist. Selbst die Sprüche der Einigungsstelle werden im Rahmen der Zwangsschlichtung nur in eingeschränkter Form der gerichtlichen Ermessenskontrolle unterworfen.[218] Hält der Gesetzgeber eine allgemeine

---

[209] vgl. u.a. Kreutz, GK-BetrVG § 77 Rn 250 ff.

[210] Kreutz, GK-BetrVG § 77 Rn 78 ff.

[211] vgl. BAG AP Nr. 17 zu § 77 BetrVG

[212] vgl. u.a. Dietz/Richardi, BetrVG § 77 Rn 77, der die vom BAG angenommene Billigkeitskontrolle auf die sog. Innenschranken der Betriebsvereinbarung bezogen sieht, so daß insoweit eine Rechtskontrolle gegeben sei; Galperin/Löwisch, BetrVG § 77 Rn 54, die den Maßstab aus § 76 Abs. 6 S. 3 BetrVG entnehmen

[213] s. Aufstellung bei Kreutz, GK-BetrVG § 77 Rn 259

[214] vgl. § 15 KSchG

[215] vgl. § 74 Abs. 2 S. 1 BetrVG

[216] BAG AP Nr. 84 zu § 611 BGB Gratifikation

[217] so schon der Grundsatz in § 2 Abs. 1 BetrVG, vergl. dazu auch Fitting/Auffarth/Kaiser/Heither, BetrVG § 2 Rn 9

[218] Kreutz, GK-BetrVG § 77 Rn 261

Billigkeitskontrolle in Fällen, in denen sich die Betriebspartner nicht einigen konnten und dann im Wege der Zwangsschlichtung verpflichtet werden, für unangemessen, so kann nicht eine schärfere Kontrolle[219] angebracht sein, wenn die Betriebspartner selbst im Wege freien Aushandelns zu einer Einigung gelangt sind.[220]

(c) Bewertung

Sowohl Tarifverträge als auch Betriebsvereinbarungen unterliegen einer inhaltlichen Kontrolle. Neben der Verfassung, dem zwingenden Gesetzesrecht, den guten Sitten und den tragenden Grundsätzen des Arbeitsrechts kann die Betriebsvereinbarung zusätzlich noch am Tarifrecht und der Rechtskontrolle, wie sie das Betriebsverfassungsgesetz vorsieht, überprüft werden. Eine allgemeine richterliche Kontrollmöglichkeit ist abzulehnen. Sie schränkt die Betriebsautonomie unzulässig ein.

(8) Fazit

Die doch sehr unterschiedliche Ausgestaltung und Bedeutung von Tarifvertrag und Betriebsvereinbarung als Regelungsinstrumente für Arbeitsbedingungen im weitesten Sinne gebieten eine Differenzierung. Sie haben eine unterschiedliche Ausgestaltung und Tragweite. Neben dem Rangverhältnis bestehen auch zahlreiche Konkurrenzbestimmungen, die dem Vorgang oder dem Vorbehalt des Tarifvertrages Ausdruck verleihen. Diese Fakten sprechen für eine restriktive Handhabung beider Regelungsinstrumente für dieselbe Sache. Inwieweit sie zulässig ist, bedarf der weiteren Untersuchung, da sie von der Qualifizierung der betrieblichen Regelung abhängig ist.

---

[219] eine allgemeine Billigkeitskontrolle

[220] Mager, Änderungen von Arbeitszeitregelungen durch Tarifvertrag, S. 45 ff. (53) in: Hromadka, Arbeitszeitrecht im Umbruch; zur individual- und kollektivrechtlichen Änderung vgl. auch Anzinger/Koberski, Das Gesetz zur Einführung eines Dienstleistungsabends und seine Auswirkungen auf individual-rechtliche, kollektivrechtliche und kartellrechtliche Fragen, NZA 1989, 737 ff. (740 ff.)

dd) Betriebliche Regelungen nach § 4 Abs. 1 EArbZG

(1) Zulassung von Betriebsvereinbarungen durch Tariföffnungsklauseln

Bei der Tariföffnungsklausel[221] für die Verlängerung der zulässigen Höchstarbeitszeiten handelt es sich um die Delegation der tarifvertraglichen Regelungszuständigkeit auf die Betriebsebene. Daß der Tarifvertrag von den Tarifvertragsparteien dispositiv gestaltet werden kann, ergibt sich bereits aus § 4 Abs. 3 TVG. Danach sind abweichende Abmachungen zulässig, wenn sie durch den Tarifvertrag gestattet sind. § 77 Abs. 3 BetrVG ist insoweit jedoch die speziellere Norm,[222] da sie ihrem Wortlaut nach strengere Anforderungen an die Wirksamkeit einer Öffnungsklausel stellt. Verlangt wird eine ausdrückliche[223] Zulassung ergänzender[224] oder abweichender[225] Regelungen durch Betriebsvereinbarung.[226]

Wie bereits festgestellt handelt es sich bei der in Frage stehenden Normsetzung[227] nach § 4 Abs. 1 EArbZG um eine Betriebsnorm.[228] Soweit man mit der herrschenden Meinung die Auffassung vertritt, unter den Begriff der sonstigen Arbeitsbedingungen in § 77 Abs. 3 S. 1 BetrVG falle nur der Bereich der materiellen Arbeitsbedingungen,[229] ist eine derartige Zulassung jedoch gar nicht erforderlich. Eine Sperrwirkung kann bei einer reinen Betriebsnorm nicht eintreten.[230]

---

[221] vgl. zu diesem Begriff Kreutz, GK-BetrVG § 77 Rn 123 ff.; Dietz/ Richardi, BetrVG § 77 Rn 227 ff.; Galperin/Löwisch, BetrVG § 77 Rn 22 f.; Fitting/Auffarth/Kaiser/Heither, BetrVG § 77 Rn 82 ff.

[222] Kreutz, GK-BetrVG § 77 Rn 124

[223] dazu Dietz/Richardi, BetrVG § 77 Rn 229; Galperin/Löwisch, BetrVG § 77 Rn 86; Kreutz, GK-BetrVG § 77 Rn 127; Fitting/Auffarth/Kaiser/Heither, BetrVG § 77 Rn 82

[224] Kreutz, GK-BetrVG § 77 Rn 129

[225] vgl. dazu die Begründung bei Dietz/Richardi, BetrVG § 77 Rn 230; Kreutz, GK-BetrVG § 77 Rn 131

[226] vgl. dazu Galperin/Löwisch, BetrVG § 77 Rn 89

[227] s. § 77 Abs. 4 S. 1 BetrVG

[228] s. oben A., I., 4., e), aa)

[229] die begriffliche Problematik ist bereits oben unter A., I., 4., e), cc), (2) erörtert worden; zur herrschenden Meinung m.w.N. in Literatur und Rechtsprechung Dietz/Richardi, BetrVG § 77 Rn 185, 188; Hanau/Adomeit, Arbeitsrecht D II 2 a; Schaub, Arbeitsrechts-Handbuch § 231 IV 5 c, § 230 II 2

Weiterhin ist erforderlich, daß in einem Tarifvertrag der Abschluß ergänzender Betriebsvereinbarungen expressis verbis zugelassen wird.[231] Dies wird ausdrücklich im Betriebsverfassungsgesetz hervorgehoben.[232] Nicht erforderlich ist dabei, daß die Begriffe "ergänzende Betriebsvereinbarungen" explizit genannt werden, sofern der ausdrücklich erklärte Parteiwille dem objektiven Sinn nach bedeutet, daß eine Ergänzung durch Betriebsvereinbarung zugelassen wird.[233]

(2) Betriebliche Regelungszuständigkeit bei fehlender Tarifregelung

Der Gesetzgeber will den Betriebspartnern die Regelungszuständigkeit durch Betriebsvereinbarung auch bei bloß unterbliebener tariflicher Regelung zukommen lassen.[234] Als Zulassungsschranke für eine Betriebsvereinbarung kommt neben § 77 Abs. 3 BetrVG auch § 87 Abs. 1 Einls. BetrVG in Frage. Soweit keine Arbeitszeitregelung im Tarifvertrag aufgenommen ist, kann auch diese Schranke nicht wirken. Sind jedoch Arbeitszeitfragen im Tarifvertrag angesprochen, beginnt bereits das Problem der Auslegung, ob die tarifliche Regelung abschließend ist.[235] Sollte ein einzelner Problembereich nicht geregelt sein, kann möglicherweise die daraufhin folgende Betriebsvereinbarung mit dem Tarifvertrag kollidieren.[236] Unwirksamkeit wäre die Folge.[237] Zumindest kann dann eine große Unsicherheit über die Wirksamkeit von Betriebsvereinbarungen gerade in dem bedeutsamen Bereich der Arbeitszeitregelungen Platz greifen.[238]

---

[230] Dietz/Richardi, BetrVG § 77 Rn 189

[231] Dietz/Richardi, BetrVG § 77 Rn 227 ff. (231 f.); Fitting/Auffarth/Kaiser/Heither, BetrVG § 77 Rn 82 a.A.; Stege/Weinspach, BetrVG § 77 Rn 22

[232] s. § 77 Abs. 3 S. 2 BetrVG

[233] Dietz/Richardi, BetrVG § 77 Rn 229 a.E. (m.w.N.); Fitting/Auffarth/Kaiser/Heither, BetrVG § 77 Rn 82

[234] vgl. § 4 Abs. 1 Einleitungssatz EArbZG

[235] Dietz/Richardi, BetrVG § 87 Rn 129

[236] vgl. insoweit auch die durch den Wortlaut nicht erhärtete Interpretation bei Zmarzlik, Zum Entwurf eines Arbeitszeitgesetzes, NZA 1987, Beilage 3, S. 15 ff. (19)

[237] zwar wird dadurch ein mögliches Mitbestimmungsrecht nicht gesperrt, der Abschluß von Betriebsvereinbarungen ist aber wegen des Tarifvorbehaltes ausgeschlossen

(a) Regelungsmöglichkeit durch Betriebsvereinbarung

Da es sich bei der abweichenden Arbeitszeitgestaltung nach § 4 Abs. 1 EArbZG nicht um Arbeitsbedingungen handelt, die unter § 77 Abs. 3 BetrVG fallen, bestehen insoweit keine Hindernisse für eine mögliche Betriebsvereinbarung. Auch der Tarifvorbehalt kann bei fehlender Tarifregelung nicht zum Tragen kommen. Eine gesetzliche Schranke besteht nicht; es wird sogar die Möglichkeit zum Abschluß einer Betriebsvereinbarung im Entwurf des Arbeitszeitgesetzes ausdrücklich aufgenommen. Grundsätzlich kann auch jede Regelung auf dem Gebiet der Ordnung des Betriebes und der Arbeitsbedingungen zum Gegenstand einer Betriebsvereinbarung gemacht werden.[239]

Als problematisch erweist sich insoweit, ob reine Zulassungsnormen überhaupt durch Betriebsvereinbarung geregelt werden können. Gem. § 77 Abs. 4 S. 1 BetrVG gelten Betriebsvereinbarungen unmittelbar und zwingend. Sie regeln Arbeitsbedingungen, die den Inhalt oder die Beendigung von Arbeitsverhältnissen betreffen, können aber auch Betriebsnormen oder betriebsverfassungsrechtliche Fragen aufgreifen.[240] Bei der Zulassung abweichender Regelungen nach § 4 Abs. 1 EArbZG gilt es, die Betriebsnormen[241] näher zu betrachten. Wird lediglich, wie es vom Gesetzgeber auch geplant ist, die straffreie Möglichkeit der Beschäftigung von Arbeitnehmern ohne jede Arbeitsverpflichtung geschaffen,[242] so hat allein diese Gelegenheit keinerlei Auswirkungen auf den betrieblichen Ablauf oder

---

[238] Kissel, Das Spannungsfeld zwischen Betriebsvereinbarung und Tarifvertrag, NZA 1986, 73 ff. (78); vgl. auch Zachert, Neue Entwicklungen zur Tarifautonomie und betrieblicher Mitbestimmung, NZA 1988, 185 ff. (188 f.); einschränkend insoweit Zmarzlik, Zur Neuregelung des Arbeitszeitschutzes, DB 1985, 2350 ff., der die Regelungskompetenz der Betriebspartner nur annimmt, wenn keine tarifliche Arbeitszeitbestimmung, gleich welcher Art und in welchem Umfang, gegeben ist; a.A. Ehmann, Vom Arbeitskampfrecht zur Mitbestimmung - Entwicklungen in der Krise des Sozialismus, NZA 1991, 1 ff.

[239] so bereits BAG v. 16.03.1956 in BB 1956, 560 ff.

[240] Kreutz, GK-BetrVG § 77 Rn 146 ff., 171 ff.; Dietz/Richardi, BetrVG § 77 Rn 90; Galperin/Löwisch, BetrVG § 77 Rn 36 ff.; Stege/Weinspach, BetrVG § 77 Rn 27; Fitting/Auffarth/Kaiser/Heither, BetrVG § 77 Rn 31 ff.

[241] s.o. A., I., 4., e), aa); Wiedemann/Stumpf, TVG § 1 Rn 241 ff.; Richardi, Kollektivgewalt und Individualwille, S. 238 ff.; a.A. Schaub, Arbeitsrechts-Handbuch § 202 II 2 und 3, der die Zulassungsnorm als Unterfall der Inhaltsnorm darstellt; solange eine reine Zulassungsnorm gegeben ist, ist dies sicherlich nicht haltbar

[242] vgl. BT-Drucks. 11/360 S. 15

die Betriebsorganisation. Ebensowenig findet eine Gestaltung der Arbeitsverhältnisse statt. Das Verhältnis der Arbeitnehmer zum Arbeitgeber wird dadurch nicht tangiert. Wielange die Arbeitnehmer arbeiten müssen, ergibt sich aus deren vertraglichen Regelungen mit dem Arbeitgeber. Deshalb schafft eine Betriebsvereinbarung im Sinne des § 4 Abs. 1 EArbZG nicht einmal zwangsläufig ein Leistungsverweigerungsrecht. Eine konkrete Einwendung ergibt sich aus dem jeweiligen Arbeitsvertrag, in dem sich der einzelne individuell zur Erbringung seiner Arbeitsleistung verpflichtet hat. Diese Arbeitsverpflichtung muß sich zwar an dem gesetzlichen Arbeitszeitschutz orientieren,[243] jedoch setzt eine in Frage stehende Betriebsvereinbarung nach § 4 Abs. 1 EArbZG nur einen für die Arbeitsvertragsparteien unverbindlichen Rahmen, so daß eine Wirkung gemäß § 77 Abs. 4 S. 1 BetrVG nicht gegeben ist. Unmittelbarkeit[244] setzt die tatsächliche Gestaltung von Arbeitsverhältnissen oder der Betriebsordnung voraus. Zwingend[245] umschreibt die Unabdingbarkeit. Beide Kriterien passen nicht zum Regelungsinhalt von Zulassungsnormen, wie sie im Entwurf des Arbeitszeitgesetzes geplant sind.

(b) Mitbestimmung nach § 87 Abs. 1 BetrVG

Ist anzunehmen, daß eine "Regelung" durch Betriebsvereinbarung nicht zum Tragen kommen kann, ist damit nur diese Regelungsmöglichkeit ausgeschlossen. Andere kollektive Regelungsinstrumentarien auf Betriebsebene[246] haben nicht dieselbe Rechtswirkung wie die Betriebsverein-

---

[243] Schaub, Arbeitsrechts-Handbuch § 155 I 3, 4

[244] Kreutz, GK-BetrVG § 77 Rn 147, 157, vgl. auch Rn 178, wo herausgestellt wird, daß echte Solidarnormen nicht Inhalt einer Betriebsvereinbarung sein können; Stege/Weinspach, BetrVG § 77 Rn 27, die darauf abstellen, daß durch die Betriebsvereinbarung unmittelbar Rechte und Pflichten für den einzelnen Arbeitnehmer gegenüber dem Arbeitgeber begründet werden; a.A. für den Bereich der Solidarnormen Galperin/Löwisch, BetrVG § 77 Rn 37, die aber nicht der Besonderheit der reinen Zulassungsnorm Rechnung tragen, sondern immer von Solidarnormen ausgehen, wenn der Arbeitgeber in seiner Betriebsgestaltung gebunden wird; diese Bindungswirkung ist der Zulassungsnorm jedoch nicht inhärent; ähnlich Dietz/ Richardi, BetrVG § 77 Rn 93; Fitting/Auffarth/Kaiser/Heither, BetrVG § 77 Rn 32

[245] Dietz/Richardi, BetrVG § 77 Rn 95; Kreutz, GK-BetrVG § 77 Rn 147, 195, 228; Galperin/Löwisch, BetrVG § 77 Rn 38

[246] wodurch die Zweifel über den Sinn einer reinen Zulassungsnorm auf Betriebsebene nicht genommen werden

barung.[247] Daher gilt es zu klären, welche Qualität ein potentielles Mitbestimmungsrecht des Betriebsrates aufweist.[248]

(aa) § 87 Abs. 1 Nr. 7 BetrVG

In Betracht kommt das Mitbestimmungsrecht des Betriebsrates gem. § 87 Abs. 1 Nr. 7 BetrVG, das bei Regelungen über den Gesundheitsschutz im Rahmen der gesetzlichen Vorschriften besteht. Die Vorschrift dient dem Gesundheitsschutz, wozu grundsätzlich auch der gesamte Bereich des Arbeitsschutzrechtes gehört.[249] Oft sind vom Gesetzgeber nur Rahmenbedingungen für den Gesundheitsschutz aufgestellt worden, so daß lediglich eine grundsätzliche Verpflichtung und das Sicherheitsziel fixiert sind. Im Hinblick auf die besonderen betrieblichen Belange und der technischen Entwicklung läßt diese flexible Handhabung eine bessere Reaktion auf tatsächliche Probleme erwarten.[250] Dadurch werden jedoch die Interessen der Arbeitnehmer oftmals erheblich berührt. Bestehen allerdings schon zwingende Arbeitsschutznormen, die auch ohne Ausfüllung einen ausreichenden Schutz gewähren, ist eine ausfüllungsbedürftige Rahmenvorschrift im Sinne des § 87 Abs. 1 Nr. 7 BetrVG nicht gegeben.[251] Wird wie beim Arbeitszeitschutz der Einsatz der menschlichen Arbeit generell beschränkt, so ist ein gestaltendes Handeln des Arbeitgebers und des Betriebsrates grundsätzlich ausgeschlossen.[252]

---

[247] vgl. insbesondere die Regelungsabrede oder -absprache, dazu Fitting/Auffarth/Kaiser/Heither, BetrVG § 77 Rn 90 ff.; Galperin/Löwisch, BetrVG § 77 Rn 100 ff.; Dietz/Richardi, BetrVG § 77 Rn 158 ff.; Kreutz, GK-BetrVG § 77 Rn 7 - 19; Adomeit, Die Regelungsabrede (als die neben der Betriebsvereinbarung zulässige Ausübungsform der Mitbestimmung in sozialen Angelegenheiten), S. 1 ff.; Schaub, Arbeitsrechts-Handbuch § 231 I 3, III; Gaul/Bobrowski, Das Arbeitsrecht im Betrieb I Rn 17 ff. (20)

[248] dies gilt insbesondere im Hinblick auf die Art und Weise der Durchsetzbarkeit von Forderungen, da die Mitbestimmungsrechte des Betriebsverfassungsgesetzes qualitativ unterschiedlich ausgestaltet sind; vgl. § 87 Abs. 2 BetrVG i.V.m. Initiativrechten bei sozialen Angelegenheiten gem. § 87 Abs. 1 BetrVG

[249] Wiese, GK-BetrVG § 87 Rn 411; Dietz/Richardi, BetrVG § 87 Rn 342 f.

[250] Wiese, GK-BetrVG § 87 Rn 419

[251] Wiese, GK-BetrVG § 87 Rn 416 f.; Richardi in Anm. zu AP Nr. 3 zu § 87 BetrVG Arbeitssicherheit; Fitting/Auffarth/Kaiser/Heither, BetrVG § 87 Rn 82; Dietz/Richardi, BetrVG § 87 Rn 350

(bb) § 87 Abs. 1 Nr. 1 BetrVG

Es stellt sich zunächst die Frage, ob § 87 Abs. 1 Nr. 1 BetrVG neben § 87 Abs. 1 Nr. 7 überhaupt zur Anwendung kommen kann.[253] Es ist jedoch mit dem BAG davon auszugehen, daß § 87 Abs. 1 Nr. 7 BetrVG keine erschöpfende und abschließende Regelung des erzwingbaren Mitbestimmungsrechtes des Betriebsrates in Angelegenheiten des Gesundheitsschutzes enthält.[254]

Das Mitbestimmungsrecht nach § 87 Abs. 1 Nr. 1 BetrVG setzt die Schaffung einer betrieblichen Ordnungsregel voraus. Diese ist gegeben, wenn eine allgemeingültige und verbindliche Verhaltensregel zur Sicherung des ungestörten Arbeitsablaufes und des reibungslosen Zusammenlebens und Zusammenwirkens der Arbeitnehmer im Betrieb besteht.[255] Dadurch soll eine gleichberechtigte Teilhabe an der Gestaltung des betrieblichen Zusammenlebens gewährleistet werden.[256]

Eine abweichende Regelung nach § 4 Abs. 1 EArbZG verfolgt jedoch einen ganz anderen Zweck. Der einzige Regelungsinhalt ist, daß die Beschäftigung von Arbeitnehmern durch den Arbeitgeber grundsätzlich in einem erweiterten Rahmen für zulässig erklärt wird und der Arbeitgeber somit keine Ordnungswidrigkeit begeht.[257] Damit wird überhaupt nicht auf das Verhältnis zwischen Arbeitnehmer und Arbeitgeber oder die Betriebsordnung abgestellt, sondern ermöglicht lediglich eine straffreie Beschäftigung außerhalb des vom Gesetz gegebenen Rahmens durch den

---

[252] Wiese, GK-BetrVG vor § 89 Rn 27; weitergehend Denck, Bildschirmarbeitsplätze und Mitbestimmung des Betriebsrates, RdA 1982, 279 ff. (289), der darauf abstellt, daß der arbeitszeitrechtliche Gesundheitsschutz § 87 Abs. 1 Nr. 7 BetrVG ganz entzogen sei, da als Spezialregelung § 87 Abs. 1 Nr. 2 und 3 BetrVG vorgingen; Stege/Weinspach, BetrVG § 87 Rn 117; weitergehend auch Galperin/Löwisch, BetrVG § 87 Rn 156 a, die das Mitbestimmungsrecht nach § 87 Abs. 1 Nr. 7 BetrVG erst dann annehmen, wenn und soweit Gefahr für Leben und Gesundheit der Arbeitnehmer gegeben ist; Denecke/Neumann, AZO § 2 Rn 15, § 4 Rn 19 f.

[253] Wiese, GK-BetrVG § 87 Rn 409 f.; Dietz/Richardi, BetrVG § 87 Rn 341

[254] BAG Beschluß v. 24.03.1981 - 1 ABR 32/78 AP Nr. 2 zu § 87 BetrVG Arbeitssicherheit

[255] BAG Beschluß v. 10.04.1984 - 1 ABR 69/82 in AP Nr. 7 zu § 87 BetrVG Ordnung des Betriebes = DB 1984, 2097 ff.

[256] Stege/Weinspach, BetrVG § 87 Rn 43

[257] vgl. § 17 Abs. 1 Nr. 1 - 3 EArbZG

Arbeitgeber.[258] Es handelt sich daher weder um Regelungen, die Störungen des arbeitsorganisatorisch bedingten Zusammenarbeitens ausschließen sollen[259] noch um die Schaffung allgemeingültiger, verbindlicher Verhaltensregeln.[260] Ein Mitbestimmungsrecht nach § 87 Abs. 1 Nr. 1 BetrVG scheidet deshalb aus.

(cc) § 87 Abs. 1 Nr. 2 BetrVG

Zweck der Mitbestimmung nach § 87 Abs. 1 Nr. 2 BetrVG ist es, die Interessen der Arbeitnehmer an der Lage ihrer Arbeitszeit und damit zugleich der Freizeit für die Gestaltung des Privatlebens mit Hilfe des Betriebsrates wahrnehmen und zur Geltung bringen zu können.[261] Die Mitbestimmung besteht nur im Rahmen der zwingenden Vorschriften des Arbeitszeitrechts. Nicht erfaßt wird dadurch die Schaffung eines anderen Rahmens für die Lage der Arbeitszeit, denn hierbei handelt es sich nur um eine potentielle Zulassung.[262] Eine Verpflichtung ergibt sich daraus nicht.[263] Es geht demnach gerade nicht um die Festlegung von Beginn und Ende der täglichen Arbeitszeit. Bei dieser Konkretisierung des dem Arbeitgeber zustehenden Direktionsrechtes hat der Betriebsrat ein Mitbestimmungsrecht. Wird jedoch nur ein allgemeiner Rahmen für eine öffentlich-rechtlich zulässige Beschäftigung abstrakt festgelegt, wird davon das Mitbestimmungsrecht nach § 87 Abs. 1 Nr. 2 BetrVG nicht berührt.

---

[258] Meisel/Hiersemann, AZO § 7 Rn 11, 14; Zmarzlik, AZO § 7 Rn 8, der ein strafbefreiendes Tatbestandsmerkmal annimmt; weitergehend Denecke/Neumann, AZO § 7 Rn 9 ff., die eine Betriebsnorm bereits ablehnen, da keine Regelung, sondern nur die Zulassung einer längeren regelmäßigen Arbeitszeit enthalten sei; die Norm werde zunächst gar nicht wirksam, sondern bedürfe noch einer Ausfüllung, um für das Arbeitsverhältnis erheblich werden zu können; vgl. auch BAG Beschluß vom 23.10.1984 - 1 ABR 2/83, AP Nr. 8 zu § 87 BetrVG Ordnung des Betriebes, in dem auf das Vorliegen eines Verhältnisses der Mitarbeiter zueinander im Rahmen der sozialen Ordnung des Betriebes abgestellt wird

[259] BAG AP Nr. 8 zu § 87 BetrVG Ordnung des Betriebes

[260] BAG Beschluß v. 14.01.1986 - 1 ABR 75/83, AP Nr. 10 zu § 87 BetrVG Ordnung des Betriebes; vgl. auch die Anm. von v.Hoyningen-Huene, der zwar das Ergebnis des BAG teilt, allerdings mit völlig anderer Begründung

[261] BAG AP Nr. 9 zu § 87 BetrVG Arbeitszeit

[262] dazu siehe oben A., I., 4., e), aa); Richardi, Kollektivgewalt und Individualwille, S. 240 - 242; Herschel, Die Zulassungsnormen des Tarifvertrages, RdA 1969, 211 ff.

[263] so ausdrücklich die Intention des Gesetzgebers, BT-Drucks. 11/360 S. 15

(c) Freiwillige Betriebsvereinbarung

Ist eine Regelung in sozialen Angelegenheiten unter Berücksichtigung des Mitbestimmungsrechts des Betriebsrates nicht gegeben, kommt der Abschluß einer freiwilligen Betriebsvereinbarung gem. § 88 BetrVG in Betracht.[264] Die Aufzählung ist nur beispielhaft.[265] Doch auch hier besteht das Problem, daß es sich um eine "Regelung" handeln muß.[266] Wenn auch grundsätzlich alle sozialen Fragen, die als Gegenstand des normativen Teils eines Tarifvertrages möglich sind, in freiwilligen Betriebsvereinbarungen aufgenommen werden können,[267] so liegt bei der Festlegung eines abstrakten Arbeitszeitrahmens keine Regelung vor.

(3) Bewertung

Die Entscheidung über eine straffreie Beschäftigung durch den Arbeitgeber innerhalb eines Arbeitszeitrahmens sollte nicht auf Betriebsebene getroffen werden. Soll nur ein abstrakter Rahmen für die Zulässigkeit der Beschäftigung geschaffen werden, ist weder der Bereich der Ordnung des Betriebes noch das Verhalten der Mitarbeiter im Betrieb tangiert. Durch eine solche Regelung ist keine Auswirkung auf das Sozialgefüge des Betriebes gegeben. Die Tarifvertragsparteien sind dazu besser geeignet. Ihnen ist die Aufgabe der Regelung von Arbeits- und Wirtschaftsbedingungen zugewiesen.

Auch im Sinne der Rechtssicherheit ist zu verlangen, daß die Tarifvertragsparteien die Wahrnehmung tariflicher Aufgaben auf Betriebsebene gezielt delegieren. Es könnte durch Interpretation der tariflichen Arbeitszeitbestimmungen auf Regelungslücken verwiesen werden, die wiederum Raum für betriebliche Regelungen ließen, was zu großer Unsicherheit über deren Wirksamkeit führen könnte.

Die betriebliche Einflußnahme ist über § 87 Abs. 1 Nr. 1, 2, 3 BetrVG sichergestellt. Sobald die abstrakten Regelungen mit Leben erfüllt werden sollen, steht dem Betriebsrat ein zwingendes Mitbestimmungsrecht zur Seite.

---

[264] Wiese, GK-BetrVG § 88 Rn 10

[265] Dietz/Richardi, BetrVG § 88 Rn 5; Wiese, GK-BetrVG § 88 Rn 7

[266] s. dazu ausführlich oben A., I., 4., e), ee), (2), (a)

[267] Fitting/Auffarth/Kaiser/Heither, BetrVG § 88 Rn 2

Bei Vorliegen eines vernünftigen gesetzlichen Arbeitszeitrahmens, der am Gesundheitsschutz orientiert ist, besteht für eine abstrakte Regelung auf Betriebsebene auch kein Bedürfnis, da allein durch die Zulassungsnorm die Mitarbeiter nicht zur Arbeitsleistung verpflichtet werden.

ee) Gesetzliche Zuständigkeitsregelungen

Neben den Bestimmungen im Entwurf des Arbeitszeitgesetzes gibt es zahlreiche gesetzliche Zuständigkeitsregelungen, die den Tarifvertragsparteien Entscheidungen zur Disposition stellen. Diese finden sich beispielsweise im Bürgerlichen Gesetzbuch,[268] im Bundesurlaubsgesetz,[269] im Gesetz zur Verbesserung der betrieblichen Altersversorgung,[270] im Gesetz über die Fortzahlung des Arbeitsentgelts im Krankheitsfalle,[271] im Beschäftigungsförderungsgesetz[272] und in der Arbeitszeitordnung.[273] In diesen Fällen[274] hat der Gesetzgeber zugunsten der Koalition auf eine zwingende Regelung der Arbeitsbedingungen verzichtet. Ob die Tarifvertragsparteien und die Betriebspartner durch § 4 Abs. 1 Einleitungssatz EArbZG tatsächlich ermuntert werden, schlechteres Recht zu schaffen,[275] oder mit dem "modernen Arbeitsrecht" vom Vorrang des Tarifvertrages gesprochen werden sollte,[276] kann an dieser Stelle dahingestellt bleiben. Von Bedeutung ist, daß keine dieser gesetzlichen Regelungen eine Verlagerung von Zuständigkeiten auf die Betriebsebene vorsieht. Ganz im Gegenteil wird immer wieder darauf abgestellt, daß nur die Tarifvertragsparteien aufgrund ihres verfassungsmäßigen Auftrages und ihrer gleichstarken Position im Aushandeln arbeitsrechtlicher Bedingungen einen allumfassenden staatlichen Schutz des

---

[268] §§ 616 Abs. 2, 622 Abs. 3 BGB

[269] § 13 Abs. 1 S. 1 BUrlG

[270] § 17 Abs. 3 BetrAVG

[271] § 2 Abs. 3 S. 1 LohnFG

[272] § 6 Abs. 1, Abs. 2 BeschFG

[273] § 7 Abs. 1, Abs. 2 AZO

[274] s. dazu die Hinweise bei Schaub, Arbeitsrechts-Handbuch § 31 III 3 c); Wiedemann/Stumpf, TVG Einl. Rn 125

[275] Hagemeier, Tariföffnungsklauseln im Beschäftigungförderungsgesetz und im Arbeitszeitgesetz, ArbuR 1985, 144 ff. (145)

[276] vgl. dazu Denecke/Neumann, AZO § 7 Rn 5; ähnlich KR-Hillebrecht, § 622 Rn 118 f.; Stahlhacke, GK-BUrlG § 13 Rn 6; Dersch/Neumann, BUrlG § 13 Rn 2 ff. (4); Höfer/Abt, BetrAVG § 17 Rn 109

Arbeitnehmers entbehrlich machen.[277] Eine generelle Zuständigkeitszuweisung an die Betriebspartner bei fehlender Regelung im Tarifvertrag, wie es in § 4 Abs. 1 Einls. EArbZG vorgesehen ist, ist daher auch aus diesem Grund abzulehnen.

ff) Tarifüblichkeit im Wandel

Es ist nicht zu übersehen, daß "fehlende" tarifliche Regelungen in Verbindung mit Tariföffnungsklauseln in anderen Tarifverträgen die Grenze dessen, was üblicherweise durch Tarifvertrag geregelt wird, langsam verschieben können. Wenn es sich hierbei auch um einen allgemeinen Aspekt handelt, so könnte doch aufgrund nahezu ausschließlicher Regelung auf betrieblicher Ebene die Grenze zur Tarifüblichkeit und somit einer gesetzlichen Schranke des Tarifvorranges verschoben werden. Dies kann zur Folge haben, daß partiell Materien auch ohne Tariföffnungsklauseln für die Gestaltung durch Betriebsvereinbarungen frei werden, weil von der Üblichkeit tarifvertraglicher Regelungen nicht mehr gesprochen werden kann.[278] Zwar wird man auch hier wieder an das Argument der Bundesregierung denken können, daß die Tarifvertragsparteien es durch ausdrückliche Regelungen von Arbeitszeitfragen in der Hand halten, Betriebsvereinbarungen auszuschließen bzw. die Gestaltungsmöglichkeiten der Betriebspartner einzuschränken,[279] doch kann dies nicht darüber hinwegtäuschen, daß Unklarheiten bei der Grenzziehung stärker als bisher programmiert sind und zu einem Verlust an Rechtssicherheit führen werden.

5. Stellungnahme

Der Gesetzgeber plant neben der Flexibilisierung[280] der täglichen Arbeitszeit auch eine Verlagerung der verantwortlichen Handhabung des

---

[277] so u.a. Höfer/Abt, BetrAVG § 17 Rn 109; Schaub, Arbeitsrechts-Handbuch § 31 III 3 a); Wiedemann/Stumpf, TVG Einl. Rn 113

[278] Kissel, Das Spannungsfeld zwischen Betriebsvereinbarung und Tarifvertrag, NZA 1986, 73 ff. (79); generell zur Tendenz der Verlagerung auf die Betriebsebene vgl. Ehmann, Vom Arbeitskampfrecht zur Mitbestimmung - Entwicklungen in der Krise des Sozialismus, NZA 1991, 1 ff. (6 f.)

[279] BT-Drucks. 11/360 S. 37

[280] BT-Drucks. 11/360 S. 1

Arbeitszeitschutzes auf die Tarif- bzw. Betriebsebene.[281] Grundsätzlich erweisen sich diese vorgesehenen Dispensmöglichkeiten nicht als Ausnahme von zwingenden Gesetzesbestimmungen,[282] sondern werden den Tarifvertragsparteien im Vertrauen auf eine angemessene Übereinkunft mit Rücksicht auf deren gefestigte soziologische Stellung übertragen.[283] Wird vom Gesetzgeber die arbeitszeitschutzrechtliche Festschreibung des Acht-Stunden-Tages verlangt,[284] so wird verkannt, daß bei den Arbeitsschutzvorschriften zwischen solchen mit Schutzfunktion[285] und solchen mit Sozialfunktion unterschieden werden muß·[286] Der Gefahrenabwehr dienende Arbeitszeitregeln gehören nicht zum Vorhandbereich der Tarifvertragsparteien.[287] Die Gefahrengrenze als objektive Größe eignet sich nicht für einen auf Kompromissen beruhenden Tarifvertrag,[288] der zudem auch nur eine begrenzte Wirkung[289] entfalten kann.[290] Da das öffentlich-rechtliche Arbeitszeitschutzrecht keinerlei Arbeitsverpflichtung regelt,[291] sondern Höchstgrenzen unter Berücksichtigung und Beachtung von Gemeinschafts- und Individualschutzgütern festsetzt,[292] die in einem gewissen Umfang auf

---

[281] BT-Drucks. 11/360 S. 15, 37

[282] Peters/Ossenbühl, Die Übertragung von öffentlich-rechtlichen Befugnissen auf die Sozialpartner unter besonderer Berücksichtigung des Arbeitszeitschutzes, S. 23 ff.

[283] Peters/Ossenbühl, a.a.O., S. 100; Zmarzlik, JArbSchG § 21 a Rn 24, wonach der Wille des Gesetzgebers grundsätzlich dahin gehe, den abweichenden tarifvertraglichen Normen den Vorrang einzuräumen

[284] Unterhinninghofen, AiB 1988, 27 ff.; vgl. auch die Entwürfe der SPD (BT-Drucks. 11/1617) und der Grünen (BT-Drucks. 11/1188) zu einem neuen Arbeitszeitgesetz

[285] Peters/Ossenbühl, a.a.O., S. 66 f., wo ausgeführt wird, daß der Staat der Schutzfunktion zu entsprechen habe

[286] Peters/Ossenbühl, a.a.O., S. 67, die Übertragbarkeit auf Tarifvertragsparteien sei möglich, soweit es lediglich die Sozialfunktion betreffe

[287] und zählt daher auch nicht zu den Arbeits- und Wirtschaftsbedingungen gem. Art. 9 Abs. 3 GG

[288] Peters/Ossenbühl, a.a.O., S. 67

[289] abgesehen von der Allgemeinverbindlicherklärung nach § 5 TVG, wonach jedoch weitere Voraussetzungen gegeben sein müssen

[290] Richardi, Kollektivgewalt und Individualwille, S. 240; Meik, Der Kernbereich der Tarifautonomie, S. 167 f.; Wagenitz, Die personellen Grenzen der Tarifmacht, S. 63 ff.; Zachert, Die Sicherung und Gestaltung des Normalarbeitsverhältnisses durch Tarifvertrag, S. 58 f.; Biedenkopf, Grenzen der Tarifautonomie, S. 265 ff.; zu weit gehend: Peters/Ossenbühl, a.a.O., S. 138, der die Bedeutung der negativen Koalitionsfreiheit verkennt

[291] so ausdrücklich die Intention des Gesetzgebers zum EArbZG, BT-Drucks. 11/360 S. 15

[292] Peters/Ossenbühl, a.a.O., S. 23 ff., 29 ff.

kollektiver Ebene dispositiv sind, kann nicht von einer verschlechternden Rechtssetzung ausgegangen werden.[293] Abgesehen von den Schwierigkeiten bei der Bestimmung von verschlechternden Arbeitszeitbestimmungen[294] ist nicht einzusehen, warum unter Berücksichtigung der Mitbestimmungsrechte des Betriebsrates[295] nicht eine praxisnahe und sachgerechte betriebliche Regelung in einem ausgeweiteten Arbeitszeitrahmen möglich sein soll, solange keine Gefahren für die Allgemeinheit oder das Individuum anstehen. Dies gilt ebenso für den Einzelarbeitsvertrag. Dadurch ist jedoch keinerlei Regelung über die Dauer oder die Bezahlung getroffen, denn diese Aspekte betreffen das Verhältnis der Arbeitnehmer zum Arbeitgeber.[296] Diese sollen auch nicht im Arbeitszeitgesetz behandelt werden.[297]

Selbst wenn die Verlagerung arbeitszeitrechtlicher Fragen von der Betriebs- auf die Tarifebene tatsächlich die Chance einer Entradikalisierung mit sich brächte,[298] so geht eine völlige Verlagerung des gesamten Arbeitszeitrechtes auf die Tarifebene zu weit,[299] auch wenn die Tarifvertragsparteien bei den Löhnen eine entsprechende Aufgabe wahrnehmen und erfüllen.[300] Allerdings kann eine andere Variante in Erwägung gezogen werden: Der gesetzliche Arbeitszeitschutz kann durch zwingende Bestimmungen den Rahmen für eine Ausgestaltung festlegen. Dann ist es Sache der

---

[293] Hagemeier, Tariföffnungsklauseln im Beschäftigungsförderungsgesetz und Arbeitszeitgesetz, ArbuR 1985, 144 ff. (145), der a.a.O. auch von einer Schwächung der Tarifautonomie ausgeht; mit derartigen Tarifverträgen sei ein Reputationsverlust, ja sogar eine Rufschädigung der Gewerkschaften verbunden; deren Nichtbereitschaft zu verschlechternden Arbeitszeitbestimmungen werde als Boykott aufgefaßt und zwinge praktisch zu eigentlich freigestellten Tarifvertragsabschlüssen; Jung, Zuviele arbeiten zu lange, S. 20 ff. zur gesetzlichen und tariflichen Regelung der Arbeitszeit

[294] Buchner, Arbeitszeit und Günstigkeitsprinzip, S. 3 ff. in: Hromadka, Arbeitszeitrecht im Umbruch; zum Problembereich Arbeitszeit und Günstigkeitsprinzip vgl. Löwisch, Dienstleistungsabend mit freiwilligen Mitarbeitern, NZA 1989, 959 f.; Buschmann, Die Günstigkeit der Nachtarbeit, NZA 1990, 387 f.; siehe auch den verfassungsrechtlichen Ansatz bei Heinze, Tarifautonomie und sogenanntes Günstigkeitsprinzip, NZA 1991, 329 ff.

[295] § 87 Abs. 1 Nr. 2 BetrVG, wonach der Betriebsrat bei der Verteilung der Arbeitszeit auf die einzelnen Tage ein zwingendes Mitbestimmungsrecht hat

[296] beim Arbeitszeitschutz im Entwurf des Arbeitszeitgesetzes werden die Möglichkeiten des Arbeitgebers (strafbefreiender Tatbestand) und sein Verhältnis zum Staat (staatliche Aufsicht) behandelt

[297] BT-Drucks. 11/360 S. 15

[298] so Herschel, Bemerkungen zum Entwurf eines Arbeitszeitgesetzes, BB 1986, 384 f.

[299] diese Verlagerung berücksichtigt auch nicht den nicht delegierbaren Schutzbereich des Arbeitszeitrechts, vgl. Peters/Ossenbühl, a.a.O., S. 66 f.

[300] Herschel, Bemerkungen zum Entwurf eines Arbeitszeitgesetzes, BB 1986, 384 f.

Tarifvertragsparteien, verbessernde Tarifverträge[301] abzuschließen.[302] Die Bestimmungen über die Arbeitsverpflichtungen (insbesondere die Dauer der Arbeitszeit und die Löhne) sind sowieso ein nicht mehr wegzudenkender Bestandteil der arbeitsrechtlichen Normsetzung durch die Tarifvertragsparteien, die in sehr vielen Bereichen auch für die nicht tarifgebundenen Arbeitnehmer durch die Übernahme der tariflichen Regelung in den Einzelarbeitsvertrag maßgebend sind.[303]

Diese Art der Flexibilisierung des Arbeitszeitrechts hätte auch noch einen weiteren Vorzug. Gesetzlich wird der Mindestschutz vorgeschrieben, die Tarifvertragsparteien füllen den Rahmen über die Festsetzung der täglichen und wöchentlichen Arbeitszeit aus und die Betriebspartner sind dort, wo sie eingerichtet sind, über § 87 Abs. 1 Nr. 2 BetrVG an der Festsetzung der Lage der Arbeitszeit beteiligt. Damit wäre auch gleichzeitig der Bestimmung nach § 4 Abs. 2 EArbZG gedient. Neben der dadurch überflüssigen Regelung nach § 4 Abs. 2 EArbZG könnte auf die Konstruktion von Zulassungsnormen ganz verzichtet werden. Abgesehen von der umstrittenen Einordnung[304] und der einzigartigen Ausgestaltung[305] ist eine rechtliche Konstruktion als reine Zulassungsnorm auch praktisch kaum von Bedeutung. Die tatsächliche Erweiterung eines Arbeitszeitrahmens ist losgelöst von Vorstellungen, diesen Rahmen auch ausfüllen zu wollen, als unrealistisch

---

301 zur begrifflichen Problematik vgl. Buchner, Arbeitszeit und Günstigkeitsprinzip, S. 3 ff. in: Hromadka, Arbeitszeitrecht im Umbruch; Heinze, Tarifautonomie und sogenanntes Günstigkeitsprinzip, NZA 1991, 329 ff.; Löwisch, Dienstleistungsabend mit freiwilligen Mitarbeitern, NZA 1989, 959 f.; Buschmann, Die Günstigkeit der Nachtarbeit, NZA 1990, 387 f.

302 vgl. Hagemeier, Tariföffnungsklauseln im Beschäftigungsförderungsgesetz und Arbeitszeitgesetz, ArbuR 1985, 144 ff., der die Attraktivität der Gewerkschaften durch die vom Gesetzgeber vorgesehenen Regelungen für arbeitszeitrechtliche Modifikationen für gefährdet hält; durch eine mögliche Reduzierung des Arbeitszeitrahmens auf Tarifebene kann eher das Gegenteil bewirkt werden

303 zur Angleichung vgl. auch die Differenzierungs- und Tarifausschlußklauseln, das Gleichbehandlungsgebot, die betriebliche Übung; s. auch Wiedemann/Stumpf, TVG Einl. Rn 170 ff., § 1 Rn 247, § 3 Rn 65 ff. (84 ff.); Zachert, Die Sicherung und Gestaltung des Normalarbeitsverhältnisses durch Tarifvertrag, S. 57 f., 61; Richardi, Kollektivgewalt und Individualwille, S. 345 ff.; Mager, Änderungen von Arbeitszeitregelungen durch Tarifvertrag und Betriebsvereinbarungen, S. 45 ff. (48 ff.) in: Hromadka, Arbeitszeitrecht im Umbruch

304 s. dazu oben A., I., 4., b), aa)

305 resultierend aus der Differenzierung als Betriebs- oder Inhaltsnorm, da andere Rechtswirkungen gegeben sind; bloß strafbefreiendes Tatbestandsmerkmal oder auch Arbeitsverpflichtung

einzustufen.[306] Bei einem gesetzlichen Arbeitszeitrahmen (orientiert am Gesundheitsschutz) ist mit dem Gesetzgeber davon auszugehen, daß die Tarifvertragsparteien eine Regelung auf Tarifebene treffen werden und sie nicht unbedacht einer betrieblichen Regelung überlassen.[307]

Gegen die Zuweisung von inhaltlicher Regelungszuständigkeit an die Betriebsvertragsparteien für den Fall einer nicht vorhandenen Regelung auf Tarifebene sprechen nicht nur rechtliche, sondern auch rechtspolitische Gründe.[308] Nach dem Grundsatz der Waffengleichheit und damit einer gegebenen Kampfparität und Gleichgewichtslage besteht bezüglich der getroffenen Regelung die Vermutung, daß das Ergebnis beiden Seiten gerecht geworden ist und für keine der Parteien ein unzumutbares Übergewicht besteht.[309] Tarifvertragliche Regelungen werden grundsätzlich nicht nur von wirtschaftlicher Vernunft, sondern auch von gesamtgesellschaftlichem Verantwortungsbewußtsein geprägt.[310] Diesen Ansprüchen kann und wird auf Betriebsebene nicht genügt werden. Es bleibt zu hoffen, daß eine gesetzliche Arbeitszeitregelung folgen wird, die diesem Gedanken Rechnung trägt. Die Tarifvertragsparteien sind gefordert, anstelle der Gedanken zur Gleichmacherei und Einheitlichkeit der sozialen Gerechtigkeit differenzierenden tariflichen Regelungen mehr Beachtung zu schenken. Hier sind auch die Betriebe gefragt, die im Vorfeld von Tarifvereinbarungsabschlüssen Probleme einbringen und Lösungen anbieten bzw. ihr Interesse

---

[306] daher auch die vielfältigen Hinweise, daß die Zulassungsnormen in ihrer Form als reine Betriebsnormen kaum vorkommen; vgl. dazu Peters/Ossenbühl, Die Übertragung von öffentlich-rechtlichen Befugnissen auf die Sozialpartner unter besonderer Berücksichtigung des Arbeitszeitschutzes, S. 111 ff.; Wiedemann/Stumpf, TVG § 1 Rn 247; Wagenitz, Die personellen Grenzen der Tarifautonomie, S. 65 ff.; Richardi, Kollektivgewalt und Individualwille, S. 240 ff.; Zmarzlik, JArbSchG § 21 a Rn 30; ders., AZO § 7 Rn 7; Meisel/Hiersemann, AZO § 7 Rn 14; Denecke/Neumann, AZO § 7 Rn 11

[307] BT-Drucks. 11/360 S. 37

[308] s. auch zusammenfassend Schneider, Streit um Arbeitszeit, S. 184 ff. zur Bedeutung der Gewerkschaften gerade bei der Arbeitszeitverkürzung

[309] so zutreffend Kissel, Das Spannungsfeld zwischen Betriebsvereinbarung und Tarifvertrag, NZA 1986, 73 ff. (74), wo Kissel ausführt, der Tarifvertrag stelle eine akzeptable Kompromißlösung zwischen den Erfordernissen der marktwirtschaftlichen Unternehmensführung einerseits und Ausprägung der Forderung nach sozialem Fortschritt, Teilhabe usw. andererseits dar; durch die Verhandlung auf Tarifebene könnten auch weitere Interessengegensätze einen Ausgleich wie auch das Gemeinwohl seine Berücksichtigung finden

[310] Kissel, a.a.O., 73 ff. (74); ähnlich auch die Aufgabenzuweisung an die Gewerkschaft bei Jung, Zuviele arbeiten zu lange, S. 22 f.

an einer Überlassung der tarifvertraglichen Regelungsbefugnis kundtun können.[311]

II. Ausweitung auf Nichttarifgebundene

Gemäß § 4 Abs. 2 S. 1 EArbZG soll im Geltungsbereich eines Tarifvertrages nach § 4 Abs. 1 EArbZG die abweichende tarifvertragliche Regelung im Betrieb eines nicht tarifgebundenen Arbeitgebers durch Betriebsvereinbarung oder, wenn ein Betriebsrat nicht besteht, durch schriftliche Vereinbarung zwischen dem Arbeitgeber und dem Arbeitnehmer übernommen werden können.[312] Unter Nichttarifgebundenen sind dabei alle diejenigen zu verstehen, die bei einem Tarifabschluß nicht von den Rechtswirkungen[313] erfaßt werden.

1. Geltung bei beiderseitiger Tarifbindung

Geht man von der Praktikabilität der Vorschriften des geplanten Arbeitszeitgesetzes aus,[314] so ist die Wirkung der Tarifnormen aus dem Tarifvertragsgesetz zu entnehmen. Gem. § 4 Abs. 1 TVG gelten die inhalts-, betriebs- und betriebsverfassungsrechtlichen Bestimmungen[315] unmittelbar und zwingend[316] zwischen den beiderseits Tarifgebundenen,[317] die unter den Geltungsbereich des Tarifvertrages fallen. Die Tarifvertragsparteien können

---

[311] s. auch Kapischke/Arens, Verletzung des Gleichbehandlungsgrundsatzes im geplanten Arbeitszeitgesetz, NZA 1988, 239 ff. (241)

[312] BT-Drucks. 11/360 S. 5, 19; dort wird auch herausgestellt, durch die Regelung in § 4 Abs. 2 S. 1 EArbZG solle sichergestellt werden, daß bei vorhandenem Betriebsrat dieser nicht übergangen werde

[313] s. auch Richardi, Kollektivgewalt und Individualwille, S. 239 f.

[314] grundsätzliche Bedenken in der Stellungnahme des DGB zum Regierungsentwurf des ArbZG: Abschaffung des Arbeitszeitschutzes, AiB 1988, 3 ff.; vgl. auch Hagemeier, Tariföffnungsklauseln im Beschäftigungsförderungsgesetz und im Arbeitszeitgesetz, ArbuR 1985, 144 ff., der eine Beseitigung von Bestimmungen des geplanten Arbeitszeitgesetzes auf dem Rechtsweg für angebracht und wahrscheinlich hält, sollte der Entwurf in dieser Form Gesetz werden

[315] zum Inhalt des Tarifvertrages vgl. § 1 Abs. 1 TVG

[316] § 4 Abs. 1 S. 1 TVG für Inhaltsnormen; entsprechende Geltung für betriebliche Normen gem. § 4 Abs. 1 S. 2 TVG

[317] vgl. § 3 Abs. 1 TVG: Mitglieder der Tarifvertragsparteien und der Arbeitgeber, der selbst Partei des Tarifvertrages ist

Regelungen mit gesetzlicher Wirkung[318] daher grundsätzlich nur für die Tarifgebundenen treffen.[319] Die Mitglieder der Koalitionen sind den Tarifnormen unterworfen, weil sie sich durch ihren freiwilligen Beitritt der Verbandsregelung[320] unterworfen haben.[321] Da es sich bei den Regelungen nach § 4 Abs. 1 EArbZG um Rechtsnormen des Tarifvertrages handelt, ist für die Tarifgebundenen (§ 3 Abs. 1 TVG) - und nur für diese - die Wirkung gem. § 4 Abs. 1 S. 1 TVG unmittelbar und zwingend gegeben.

2. *Tarifbindung des Arbeitgebers*

Abweichend von dem Grundsatz, daß nur die beiderseitige Tarifbindung normative Rechtswirkungen zwischen den betroffenen Arbeitnehmern und Arbeitgebern bewirkt, ist bei Rechtsnormen des Tarifvertrages über betriebliche und betriebsverfassungsrechtliche Fragen eine gesetzliche Sonderregelung[322] gegeben.[323] Danach gelten die Rechtsnormen des Tarifvertrages über betriebliche Fragen unmittelbar und zwingend bereits dann, wenn bloß der Arbeitgeber tarifgebunden ist.[324] Nach Qualifizierung der Zulassungsnormen als betriebliche Normen[325] ist bei abweichenden tarifvertraglichen Regelungen nach § 4 Abs. 1 EArbZG für alle Betriebe eine verbindliche Regelung getroffen. Der Gesetzgeber geht auch davon aus, daß wie beim öffentlich-rechtlichen Arbeitszeitschutz keinerlei privatrechtliche

---

[318] Wiedemann/Stumpf, TVG § 4 Rn 49

[319] Hanau/Adomeit, Arbeitsrecht C II 2. c); Schaub, Arbeitsrechts-Handbuch § 206 I und II; Meik, Der Kernbereich der Tarifautonomie, S. 157

[320] zur Unterwerfung unter den Verbandswillen vgl. Richardi, Kollektivgewalt und Individualwille, S. 157 ff., S. 161 ff.

[321] Biedenkopf, Grenzen der Tarifautonomie, S. 292 ff.; Meik, Kernbereich der Tarifautonomie, S. 157; Heinze, Tarifautonomie und sogenanntes Günstigkeitsprinzip, NZA 1991, 329 ff. (331 f.)

[322] s. § 3 Abs. 2 TVG

[323] die Möglichkeit der Allgemeinverbindlicherklärung gem. § 5 TVG wird bei dieser Bearbeitung nicht berücksichtigt, da Tatbestandsvoraussetzungen und Verfahren nichts mit der gesetzlichen Ausweitung der Tarifgebundenheit nach § 3 Abs. 2 TVG insb. bei betrieblichen Normen zu tun haben; dazu auch Wiedemann/Stumpf, TVG § 3 Rn 65 f., § 5 Rn 1 - 4

[324] Richardi, Kollektivgewalt und Individualwille, S. 226; vgl. §§ 4 Abs. 1 S. 2, 3 Abs. 2 TVG

[325] s. dazu oben A., I., 4., e), aa)

Verpflichtungen durch die neuen Vorschriften begründet werden.[326] Diese müssen gesondert durch Tarifvertrag, Betriebsvereinbarung und Einzelarbeitsvertrag vereinbart werden.[327] Damit ist der Fall einer reinen Zulassungsnorm gegeben.[328] Auf die Problematik von Tarifverträgen mit Doppelnatur und deren Wirkung auf die Arbeitsverhältnisse von Außenseitern braucht daher nicht näher eingegangen zu werden.[329]

Der Gesetzgeber hat im Entwurf des Arbeitszeitgesetzes keinerlei Hinweise auf die Rechtswirkung der bloßen arbeitgeberseitigen Tarifbindung aufgenommen.[330] Soweit selbst diese nicht gegeben ist, wird die Erstreckung auf die Außenseiter aufgenommen.[331] Eine Regelung ist dann nicht notwendig, wenn bereits von einer Wirkungserstreckung durch Erweiterung der Tarifgebundenheit ausgegangen werden kann.[332] Die Differenzierung in § 4 Abs. 2 S. 1 EArbZG[333] läßt den Rückschluß zu, daß der Gesetzgeber neben der beiderseitigen Tarifgebundenheit[334] und deren Rechtswirkungen auch hier eine bereits bestehende gesetzliche Regelung zugrundegelegt hat.[335]

---

[326] Denecke/Neumann, AZO § 7 Rn 10, die von einer Beseitigung der strafbewährten Schutznormen ausgehen; Meisel/Hiersemann, AZO § 7 Rn 14, arbeitsschutzrechtliche Zulassung erweiterter Beschäftigungsgrenzen; Zmarzlik, AZO § 7 Rn 6, Tarifvertrag als Tatbestandselement für Straffreiheit

[327] BT-Drucks. 11/360 S. 15

[328] in der Praxis ist jedoch häufig eine Kombination von Zulassungs- und Inhaltsnormen gegeben, vgl. dazu Richardi, Kollektivgewalt und Individualwille, S. 241 f., der auf den Willen der Tarifvertragsparteien hinweist; ders., a.a.O., S. 237; Meisel/Hiersemann, AZO § 7 Rn 14 - 16; Denecke/Neumann, AZO § 7 Rn 9 f.

[329] Wiedemann/Stumpf, TVG § 1 Rn 247 a.E.; Heinze, Betriebsvereinbarung versus Tarifvertrag? NZA 1989, 41 ff. (47), der darauf aufmerksam macht, daß das Tarifrecht der Rechtswirkung der Betriebsnorm den Vorrang vor ihrem gleichzeitigen Charakter als Inhaltsnorm zuweise; Lieb, Arbeitsrecht § 6 III 2, der darauf hinweist, daß, wenn Arbeitnehmern durch Solidarnormen auch Erfüllungsansprüche oder Zurückbehaltungsrechte eingeräumt seien, diese auch den Außenseitern zuständen; Richardi, Kollektivgewalt und Individualwille, S. 236 f., wonach betriebliche Normen in ihrem ganzen Umfang für nicht organisierte Arbeitnehmer Geltung haben sollen, wenn sie gleichzeitig Inhalts- oder Abschlußnormen enthielten

[330] BT-Drucks. 11/360 S. 18 f., ansonsten hätte ein entsprechender Hinweis in den Erläuterungen zu § 4 EArbZG aufgenommen werden müssen

[331] vgl. § 4 Abs. 2 S. 1 EArbZG

[332] Hagemeier/Kempen/Zachert/Zilius, TVG § 3 Rn 19 ff.; Wiedemann/Stumpf, TVG § 1 Rn 150 ff.

[333] vgl. dazu Zmarzlik, JArbSchG, § 21 a Rn 9, 11

[334] vgl. dazu Wiedemann/Stumpf, TVG § 3 Rn 18

[335] nämlich: §§ 3 Abs. 2, 4 Abs. 1 S. 2 TVG

3. Regelung im Betrieb eines nicht tarifgebundenen Arbeitgebers durch Betriebsvereinbarung

Abgesehen von der Allgemeinverbindlicherklärung gem. § 5 TVG[336] besteht nach dem Tarifvertragsgesetz keine Möglichkeit, die Rechtsnorm eines Tarifvertrages auf beiderseitig nicht oder bloß einseitig organisierte Arbeitnehmer zu erstrecken.[337] § 3 Abs. 2 TVG verlangt die Tarifbindung des Arbeitgebers. Daher räumt der Gesetzgeber den nicht tarifgebundenen Arbeitgebern in § 4 Abs. 2 S. 1 EArbZG ein, im Geltungsbereich eines Tarifvertrages die abweichenden tarifvertraglichen Regelungen gem. § 4 Abs. 1 EArbZG durch Betriebsvereinbarung[338] oder, wenn ein Betriebsrat nicht besteht, durch schriftliche Vereinbarung zwischen dem Arbeitgeber und dem Arbeitnehmer zu übernehmen.

a) Verfassungsrechtliche Überlegungen

Die Fragen nach den Grenzen der tarifvertraglichen Regelungsbefugnis gegenüber Außenseitern steht im Spannungsfeld von positiver und negativer Koalitionsfreiheit.[339] Der Gesetzgeber kann die Koalitionen ermächtigen, auch für nicht oder anderweitig Organisierte unmittelbare und zwingende Tarifnormen zu setzen.[340] Als Voraussetzung dafür muß verlangt werden, daß dies zur Wahrnehmung der Ordnungsfunktionen im Arbeitsleben notwendig, d.h. geeignet, erforderlich und verhältnismäßig ist.[341] Der Gesetzgeber will in § 4 Abs. 2 S. 1 EArbZG jedoch den umgekehrten Weg gehen. Es wird eine tarifliche Regelung vorausgesetzt, die von sog. "Tritt-

---

[336] vgl. § 5 Abs. 4 TVG mit der Erstreckung der Rechtsnormen auf die bisher nicht tarifgebundenen Arbeitgeber und Arbeitnehmer

[337] zur Verfassungsmäßigkeit insb. Beschluß des BVerfG v. 24.05.1977 - 2 BvL 11/74 in AP Nr. 15 zu § 5 TVG; ähnlich BVerfGE 64, 209 ff.

[338] dadurch soll sichergestellt werden, daß bei Vorhandensein eines Betriebsrates dieser nicht übergangen werden kann, vgl. BT-Drucks. 11/360 S. 19

[339] vgl. dazu Wagenitz, Die personellen Grenzen der Tarifautonomie, S. 41 ff.; Kapischke/Arens, Verletzung des Gleichbehandlungsgrundsatzes im geplanten Arbeitszeitgesetz, NZA 1988, 239 ff. (240 f.)

[340] Meik, Der Kernbereich der Tarifautonomie, S. 169; vgl. aber auch die einschränkende Haltung des BVerfG im Beschluß v. 24.07.1977 in AP Nr. 15 zu § 5 TVG

[341] Wagenitz, Die personellen Grenzen der Tarifautonomie, S.49

brettfahrern des Arbeitsrechts"[342] übernommen werden kann. Ist bei einer tariflichen Ausweitung die negative Koalitionsfreiheit betroffen, geht es hier um die positive Koalitionsfreiheit. Außenseiter werden sich fragen, warum sie einer Gewerkschaft beitreten sollen, wenn sie auch ohne Erwerb der Mitgliedschaft und den damit verbundenen Kosten im wesentlichen die gleichen Leistungen erhalten wie die Gewerkschaftsmitglieder.[343] Allerdings dürfte durch diesen Attraktivitätsverlust der Gewerkschaften nur im Extremfall eine Gefährdung der Tarifautonomie eintreten.[344] Darüber kann auch das rechtspolitische Ziel der Gleichbehandlung aller Arbeitnehmer und der einheitlichen Gestaltung der betrieblichen Arbeitsbedingungen[345] nicht hinwegtäuschen.[346] Um von einer verfassungsmäßigen Verträglichkeit der Ausweitung von Tarifbestimmungen auf Nichtorganisierte ausgehen zu können, ist daher mit dem Bundesverfassungsgericht[347] eine restriktive Handhabung erforderlich.[348]

---

342 "Schmutz-Konkurrenz" in Richardi, Kollektivgewalt und Individualwille, S. 275; "Rosinen-Theorie" in Dersch/Neumann, BUrlG § 13 Rn 17

343 zur damit verbundenen Problematik s. Hagemeier/Kempen/Zachert/Zilius, TVG § 3 Rn 45, wo darauf hingewiesen wird, daß die Arbeitgeber tendenziell eine Verringerung des gewerkschaftlichen Organisationsgrades und damit der gewerkschaftlichen Schlagkraft bewirken, wenn sie die Nichtorganisierten an den Ergebnissen der Gewerkschaftspolitik freiwillig teilhaben lassen.

344 so Hagemeier, Tariföffnungsklauseln im Beschäftigungsförderungsgesetz und im Arbeitszeitgesetz, ArbuR 1985, 144 ff. (148)

345 Wiedemann/Stumpf, TVG § 3 Rn 85, auch die Anerkennung der Gleichwertigkeit der Arbeitsleistungen und des sozialen Schutzbedürfnisses ohne Beitritt zum Berufsverband; s. auch Zmarzlik, Zum Entwurf eines Arbeitszeitgesetzes, NZA 1987, Beil. 3, 15 ff. (19), der die Legitimationen des § 4 Abs. 2 EArbZG in der Schaffung eines einheitlichen Rahmens für die Arbeitsbedingungen in allen Betrieben des Beschäftigungszweiges sieht, läßt aber das "Warum" unbeantwortet

346 Zachert, Die Sicherung und Gestaltung des Normalarbeitsverhältnisses durch Tarifvertrag, S. 59

347 Beschluß vom 24.05.1977 - 2 BvL 11/74 in AP Nr. 15 zu § 5 TVG; BVerfGE 64, 209 ff.

348 Hagemeier/Kempen/Zachert/Zilius, TVG Einl. Rn 193, 197 ff. (201), wonach der persönliche Geltungsbereich nicht über die Allgemeinverbindlicherklärung und § 3 Abs. 2 TVG hinaus erweitert werden dürfe

b) Übernahme der tariflichen Regelung durch Betriebsvereinbarung

Der Gesetzgeber hat den Tarifvertragsparteien insbesondere im Betriebsverfassungsgesetz[349] einen starken Sockel geschaffen, um der Bedeutung der Koalitionen gerecht zu werden.[350] Im Entwurf des Arbeitszeitgesetzes läßt er jedoch die Ausweitung auf nicht oder anders organisierte Arbeitnehmer durch Betriebsvereinbarungen zu. Da es sich bei den abweichenden Regelungen nach § 4 Abs. 1 EArbZG um eine Zulassungsnorm und somit um eine Betriebsnorm handelt,[351] wird grundsätzlich bei einer betrieblichen Regelung der Tarifvorrang gem. § 77 Abs. 3 S. 1 BetrVG keine Bedeutung haben.[352] Eine Regelungssperre zugunsten der Tarifautonomie ist daher nicht gegeben.[353] Auch der Tarifvorbehalt gem. § 87 Abs. 1 Einleitungssatz BetrVG ist nicht tangiert. § 4 Abs. 2 EArbZG will nur den nicht tarifgebundenen Arbeitgeber erfassen. Für diesen kann der Tarifvorbehalt jedoch gar nicht bedeutsam werden,[354] da für ihn logischerweise keine tarifliche Regelung besteht.

---

349 vgl. § 2 Abs. 1 BetrVG - "unter Beachtung der geltenden Tarifverträge"; § 77 Abs. 3 BetrVG, Tarifvorrang; § 87 Abs. 1 Einleitungssatz BetrVG, Tarifvorbehalt

350 Schmidt-Bleibtreu/Klein, GG Art. 9 Rn 12 ff.

351 s. oben A., I., 4., e), aa)

352 Dietz/Richardi, BetrVG § 77 Rn 192 ff.; Kreutz, GK-BetrVG § 77 Rn 68 ff.

353 Kreutz, GK-BetrVG § 77 Rn 78 ff.; a.A. Hagemeier, Tariföffnungsklauseln im Beschäftigungsförderungsgesetz und Arbeitszeitgesetz, ArbuR 1985, 144 ff. (148), der darauf abstellt, der Gesetzgeber habe den Tarifvertragsparteien eine Vorrang-Kompetenz vor den betrieblichen Kollektivparteien einräumen wollen, um so die durch Art. 9 Abs. 3 GG geschützte Tarifautonomie vor Beeinträchtigung und Aushöhlung durch eine betriebliche Rechtssetzungsbefugnis zu schützen und ein attraktives tarifautonomes Handlungssystem zu erhalten, ansonsten liege ein ganz einschneidender Eingriff in geltende Strukturprinzipien im Verhältnis Tarifvertrag - Betriebsvereinbarung vor; dagegen zu Recht: Zmarzlik, Zur Neuregelung des Arbeitszeitschutzes, DB 1985, 2349 ff. (2350)

354 Fitting/Auffarth/Kaiser/Heither, BetrVG § 87 Rn 7 ff.; Wiese, GK-BetrVG § 77 Rn 39 ff.; Dietz/Richardi, BetrVG § 87 Rn 115; Stege/Weinspach, BetrVG § 87 Rn 26 ff.; Galperin/Löwisch, BetrVG § 87 Rn 56

aa) Regelung des § 21 a Abs. 2 JArbSchG

Neben den wichtigen Bestimmungen zur Ausdehnung von tarifvertraglichen Regelungen auf Nichttarifgebundene[355] enthält § 21 a Abs. 2 JArbSchG eine Sonderregelung,[356] die der in § 4 Abs. 2 S. 1 EArbZG nahezu identisch ist.[357] Auch hier wird die Übernahme einer tarifvertraglichen Regelung im Geltungsbereich eines Tarifvertrages nach § 21 a Abs. 1 JArbSchG durch Betriebsvereinbarung zugelassen. In den übrigen arbeitsrechtlichen Vorschriften wird nur die Möglichkeit zur Vereinbarung gesetzlich fixiert.[358] Der Abschluß gleichlautender Betriebsvereinbarungen[359] ist davon jedoch strikt zu trennen![360] Neben den grundsätzlichen Bedenken der Austauschbarkeit von Tarifvertrag und Betriebsvereinbarung[361] hat der Gesetzgeber in den meisten Bestimmungen nicht explizit zum Ausdruck gebracht, ob eine Übernahme durch Betriebsvereinbarung zuzulassen ist.[362] In Anlehnung an das Bundesurlaubsgesetz kann sogar festgestellt werden, daß übernehmende Regelungen in der Form von Betriebsvereinbarungen als unzulässig angesehen werden.[363] Neben der Übernahme durch Einzelarbeitsvertrag ist aber auch eine vertragliche Einheitsregelung zulässig.[364] Dieser kommt jedoch nicht die normative Wirkung des § 77 Abs. 4 BetrVG zu.[365]

---

[355] s. dazu auch Kapischke/Arens, Verletzung des Gleichbehandlungsgrundsatzes im geplanten Arbeitszeitgesetz, NZA 1988, 239 ff.; allerdings mit unsachlicher Differenzierung zwischen § 4 Abs. 2 EArbZG und § 21 a Abs. 2 JArbSchG

[356] diesen Fall übersieht leider Hagemeier, Tariföffnungsklauseln im Beschäftigungsförderungsgesetz und Arbeitszeitgesetz, ArbuR 1985, 144 ff. (145 unten), obgleich die Bestimmung im Jahr 1984 durch das erste Gesetz zur Änderung des JArbSchG eingefügt worden ist

[357] das Wort "Jugendlichen" ist durch "Arbeitnehmer" ersetzt

[358] § 622 Abs. 3 S. 2 BGB, § 6 Abs. 2 S. 1 BeschFG, § 2 Abs. 3 LohnFG, § 13 Abs. 1 S. 2 BUrlG, § 17 Abs. 3 S. 2 BetrAVG

[359] Meik, Der Kernbereich der Tarifautonomie, S. 164 (auch Fußn. 172)

[360] dies verkennt Zmarzlik, JArbSchG § 21 a Rn 28, der als Parallele zur Regelung in § 21 a Abs. 2 JASchG auf § 622 Abs. 3 S. 2 BGB verweist

[361] Unterschiedlichkeit der Regelungsinstrumentarien Tarifvertrag und Betriebsvereinbarung, A., I., 4., e), cc)

[362] nur § 21 a JArbSchG und § 4 Abs. 2 S. 1 EArbZG

[363] Dersch/Neumann, BUrlG § 13 Rn 28; Stahlhacke/Bachmann/Bleistein, GK-BUrlG § 13 Rn 38

bb) Übernahme der abweichenden tarifvertraglichen Regelung

Ein Tarifvertrag ist grundsätzlich ein umfassendes Regelwerk. Es kann sich daher als Problem herausstellen, daß die Erweiterung des gesetzlich vorgegebenen Arbeitszeitschutzrahmens im Tarifvertrag selbst nicht isoliert behandelt worden ist.[366] Die für Tarifvertragsverhandlungen nötige Kompromißbereitschaft beider Seiten darf den zwingenden Arbeitszeitschutz nicht zur Disposition stellen. Unabhängig davon, ob man die längere straffreie Beschäftigungsmöglichkeit aufgrund der abweichenden Bestimmungen nach § 4 Abs. 1 EArbZG als Verbesserung[367] oder Verschlechterung[368] von Arbeitsbedingungen oder als wertneutral[369] bezeichnet, kann dieser Teil als Ausgleich für andere Streitpunkte gedient haben. Eine Vermutung dahingehend, daß die abweichende Regelung insgesamt eine richtige und ausgewogene Lösung enthält, ist gerade bei den Zulassungsnormen[370] nicht anzunehmen.[371]

---

[364] Dersch/Neumann, BUrlG § 13 Rn 17 ff.

[365] vgl. zur unmittelbaren und zwingenden Wirkung von Betriebsvereinbarungen Kreutz, GK-BetrVG § 77 Rn 141 ff.

[366] dazu auch Kapischke/Arens, Verletzung des Gleichbehandlungsgrundsatzes im geplanten Arbeitszeitgesetz, NZA 1988, 239 ff. (240 f.)

[367] so unter Flexibilitätsgesichtspunkten; der Gesetzgeber zumindest erhofft sich eine praxisnahe und sachgerechte Arbeitszeitregelung, die den Arbeitnehmerwünschen durchaus entsprechen kann

[368] Hagemeier, Tariföffnungsklauseln im Beschäftigungsförderungsgesetz und im Arbeitszeitgesetz, ArbuR 1985, 144 ff., der den Entwurf des Arbeitszeitgesetzes als eine Ermunterung zur Schaffung schlechteren Rechts sieht

[369] s. dazu die Ausarbeitung von Buchner, Arbeitszeit und Günstigkeitsprinzip, S. 3 ff. in: Hromadka, Arbeitszeitrecht im Umbruch; s. a. Buschmann, Die Günstigkeit der Nachtarbeit, NZA 1990, 387 f.; Löwisch, Dienstleistungsabend mit freiwilligen Mitarbeitern, NZA 1989, 959 f.

[370] diese begründen als reine Betriebsnorm keine eigenständige Arbeitsverpflichtung

[371] so auch bei Zmarzlik, JArbSchG § 21 a Rn 31

cc) Regelbarkeit durch Betriebsvereinbarung

Grundsätzlich greifen auch bei der Übernahme einer tariflichen Regelung durch Betriebsvereinbarung dieselben Bedenken wie bei der inhaltlichen Selbstbestimmung.[372] Die Ausweitung einer tariflichen Regelung durch Betriebsvereinbarung auf Nichtorganisierte soll möglich sein, obgleich diese vom Inhalt her weder die Ordnung des Betriebes noch die Arbeitsverhältnisse gestaltet. Die verfassungsrechtliche Unbedenklichkeitsbescheinigung[373] im Hinblick auf die Tariferstreckungsklausel ist ebenso unklar wie die Erläuterung zu § 21 a Abs. 2 JArbSchG, da nicht auf die betriebsverfassungsrechtliche Problematik abgestellt wird.[374] Abenteuerlich wird es dann, wenn festgestellt wird, daß neben der abstrakten Zulassung[375] in der Regel auch die materielle Arbeits- und Ausbildungspflicht des Tarifvertrages übernommen werde.[376] Wird darauf verwiesen, daß dies in der Praxis oft der Fall sei, so wird nicht zwischen Zulassungs- und Inhaltsnormen unterschieden. Rechtlich mögliche Konstruktionen dürfen nicht über die Intention des Gesetzgebers hinwegtäuschen.[377]

Daneben tritt eine weitere Unwägbarkeit zutage. Soll die Übernahme der tariflichen Regelung im Sinne des § 4 Abs. 1 EArbZG bei Nichtorganisierten durch Betriebsvereinbarung möglich sein, so ist per Gesetz eine unmittelbare und zwingende Wirkung vorgeschrieben.[378] Wird wie bei Zmarzlik von einer in der Regel bestehenden Verbindung der Betriebsnormen mit Inhaltsbestimmungen ausgegangen, wäre dadurch eine stärkere Bindung der Nichtorganisierten an die abweichende tarifliche Arbeitszeitbestimmung gegeben als bei bloßer Organisation des Arbeitgebers.[379] Zwar

---

[372] dazu s.o. A., I., 4., e), cc), (2), (a)

[373] vgl. die Kommentierung zur nahezu gleichlautenden Bestimmung bei Zmarzlik, JArbSchG § 21 a Abs. 2 Rn 5

[374] Zmarzlik, JArbSchG § 21 a Rn 28 ff.

[375] und damit ausschließlich der strafbefreienden Wirkung

[376] Zmarzlik, JArbSchG § 21 a Rn 29

[377] BT-Drucks. 11/360 S. 15

[378] vgl. § 77 Abs. 4 S. 1 BetrVG, s. auch Dietz/Richardi, BetrVG § 77 Rn 93, 95, 60 f., 39 ff., wirkt unmittelbar (Rechtsquelle, die autonomes Recht schafft) und zwingend (anderweitige einzelvertragliche Abmachung kann nicht getroffen werden)

[379] vgl. auch Kapischke/Arens, Verletzung des Gleichbehandlungsgrundsatzes im geplanten Arbeitszeitgesetz, NZA 1988, 239 ff. (240 f.)

gelten dann die betrieblichen Normen gem. § 3 Abs. 2 TVG trotz fehlender Bindung des Arbeitnehmers für diesen ebenso wie für Organisierte, doch haben die Tarifvertragsparteien keine Möglichkeit, die Inhaltsnormen wie bei einer Betriebsvereinbarung mit bindender Wirkung für die Außenseiter einzuführen.[380] Es muß ordnungsgemäß zwischen dem Regelungsinhalt und der Regelungswirkung unterschieden werden, um der gesetzlichen Bestimmung gerecht werden zu können.[381]

4. Regelung im Betrieb eines nicht tarifgebundenen Arbeitgebers durch schriftliche Vereinbarung mit dem Arbeitnehmer

Neben der Möglichkeit der Übernahme von abweichenden Arbeitszeitregelungen im Geltungsbereich eines Tarifvertrages durch Betriebsvereinbarung wird dem nicht organisierten Arbeitgeber die Übernahme im Einzelvertrag gestattet, wenn ein Betriebsrat nicht gegeben ist.[382] Aus Beweisgründen gegenüber den staatlichen Aufsichtsbehörden[383] ist diese Vereinbarung schriftlich zu treffen.[384]

a) Gesetzliche Parallelen

Der Gesetzgeber hat in vielen Einzelbereichen die Übernahme von tariflichen Bestimmungen durch den nicht organisierten Arbeitgeber im Geltungsbereich eines Tarifvertrages auf nicht organisierte Arbeitnehmer geregelt.[385] Auf das Schriftformerfordernis wurde in den meisten Fällen[386]

---

380 Richardi, Kollektivgewalt und Individualwille, S. 237; Zachert, Die Sicherung und Gestaltung des Normalarbeitsverhältnisses durch Tarifvertrag, S. 58 f.; Biedenkopf, Grenzen der Tarifautonomie, S. 303 ff. (315 f.); Wagenitz, Die personellen Grenzen der Tarifmacht, S. 41 ff. (44 f.); Meik, Der Kernbereich der Tarifautonomie, S. 163 ff. (167 f.)

381 Wiedemann/Stumpf, TVG § 1 Rn 241 ff.

382 vgl. Wortlaut in § 4 Abs. 2 S. 1 EArbZG

383 s. insoweit die Konkretisierung zur nahezu identischen Regelung bei Zmarzlik, JArbSchG § 21 a Rn 6, 30

384 BT-Drucks. 11/360 S. 15

385 s. oben A., I., 4., e), ee)

386 neben § 4 Abs. 2 S. 1 EArbZG noch im erwähnten § 21 a Abs. 2 JArbSchG aufgenommen

verzichtet.[387] Der Grund für eine differenzierte Behandlung in § 4 Abs. 2 S. 1 EArbZG liegt in der Beweisfunktion für den Fall der Einleitung eines Straf- bzw. Bußgeldverfahren und der Möglichkeit zur Überwachung durch die Aufsichtsbehörden[388] und ist daher nicht nur zweckmäßig, sondern auch geboten. Wird von der Intention des Gesetzgebers ausgegangen, daß die abweichenden Regelungen nach § 4 Abs. 1 EArbZG reine Zulassungsnormen sind, so besteht ein weiterer grundsätzlicher Unterschied zu den sonst geregelten Tariferstreckungsklauseln. Im allgemeinen werden tarifliche Inhaltsnormen auf die nicht organisierten Arbeitsvertragsparteien für anwendbar erklärt.[389] Bei der Qualifizierung der Zulassungsnorm als Betriebsnorm ist jedenfalls im Unterschied zu den Inhalts-, Abschluß- oder Beendigungsnormen ein weiterer Anwendungsbereich gegeben.[390] Der rechtspolitische Ausgangspunkt ist jedoch sowohl bei Betriebs- als auch bei Inhaltsnormen identisch: Wenn ein verschlechtender Tarifvertrag existiert, soll er auch alle Arbeitnehmer eines Betriebes erfassen können.[391] Daß eine sachgerechte, praxisnahe und effektive Arbeitszeitregelung eher durch differenzierende Tarifverträge als durch eine einheitliche starre Rechtssetzung erreicht werden kann, steht wohl außer Frage.[392] Der Gesetzgeber vertraut dabei auf das verantwortungsbewußte Handeln der Koalitionen (und unter den Voraussetzungen für betriebliche Regelungen auch auf das der Betriebspartner), das Gewähr für sachgerechte Modifikationen biete.[393]

---

[387] auch wenn in der Praxis aus Beweisgründen der Arbeitsvertrag in der Regel schriftlich abgeschlossen wird, so ist es gesetzlich grundsätzlich nicht vorgeschrieben

[388] zur vergleichbaren Situation: Zmarzlik, JArbSchG § 21 a Rn 30; vgl. auch § 17 Abs. 1 Nr. 1 - 3 EArbZG

[389] zur Qualifizierung vgl. Wiedemann/Stumpf, TVG § 1 Rn 150 ff.

[390] dies wird über § 3 Abs. 2 TVG i.V.m. § 4 Abs. 1 S. 2 TVG erreicht

[391] vgl. Ausführungen von Hagemeier, Tariföffnungsklauseln im Beschäftigungsförderungsgesetz und im Arbeitszeitgesetz, ArbuR 1985, 144 ff. (148)

[392] vgl. dazu die Intention des Gesetzgebers beim Entwurf des Arbeitszeitgesetzes in BT-Drucks. 11/360 S. 1

[393] BT-Drucks. 11/360 S. 37

b) Praktische Bedeutung der einzelvertraglichen Einbeziehung von Zulassungsnormen

Wird mit dem Gesetzgeber davon ausgegangen, daß es sich bei den Regelungen in § 4 Abs. 1 EArbZG um reine Zulassungsnormen handelt,[394] wird die praktische Bedeutung einer solchen schriftlichen Vereinbarung sehr unbedeutend sein. Welcher Arbeitgeber wird im Einzelarbeitsvertrag schriftlich eine Erweiterung des Arbeitszeitrahmens übernehmen, wenn er nicht gleichzeitig die Arbeitsverpflichtung des Arbeitnehmers begründen will? Eine von der Arbeitsverpflichtung losgelöste Vereinbarung über die Rahmenbedingungen wird kaum erfolgen, wenn der Arbeitgeber nicht parallel dazu das Verlangen hat, den Arbeitnehmer auch in diesen Grenzen einzusetzen. Davon abgesehen bieten die Vorschriften der §§ 1 - 3 EArbZG bereits einen Spielraum, der in vielen Bereichen auch ohne Übernahmeerklärung genügend Flexibilität für sachgerechte und praxisnahe Regelungen offen hält. Mag die praktische Bedeutung auch gering sein, sie stößt jedoch nicht auf rechtliche Probleme wie die Übernahme durch Betriebsvereinbarung.[395]

5. Bewertung

Wird infolge gesetzlicher Differenzierung davon ausgegangen, daß eine reine tarifliche Zulassungsnorm durch Betriebsvereinbarung übernehmbar ist,[396] kann dem grundsätzlich nicht zugestimmt werden. Es findet keine gestaltende Regelung zur Ordnung des Betriebes oder der Arbeitnehmerschaft bzw. einzelner Arbeitnehmer gegenüber dem Arbeitgeber statt.[397] Das Institut der Betriebsvereinbarung paßt daher nicht zur reinen Zulassungsnorm. Darüber hinaus besteht auch gar keine Notwendigkeit dazu. Wird eine verbindliche Regelung wegen Verteilung der Arbeitszeit einschließlich der Pausen bzw. eine vorübergehende Verkürzung oder Verlängerung der betriebsüblichen Arbeitszeit vorgenommen, ist inhaltlich

---

[394] BT-Drucks. 11/360 S. 15

[395] zur gesetzlichen Zulässigkeit vgl. Wiedemann/Stumpf, TVG Einl. Rn 106 ff. (113), § 1 Rn 104 ff.

[396] BT-Drucks. 11/360 S. 15

[397] vgl. dazu Ausführungen oben A., I., 4., e), dd), (2), (a) und A., II., 3., b), cc)

eine Beteiligung des Betriebsrates gegeben.[398] Konkludent könnte angenommen werden, daß eine solche verbindliche Betriebsvereinbarung sich im Rahmen und im Geltungsbereich eines bestehenden Tarifvertrages mit modifizierter Regelung im Arbeitszeitschutz bewegen darf. Eine reine Zulassungsnorm in Form der Betriebsvereinbarung wäre deshalb nicht erforderlich.[399] Ferner ist gem. § 77 Abs. 2 S. 1 BetrVG auch die Schriftlichkeit gegeben,[400] so daß auch aus Beweisgründen keine gesonderte Betriebsvereinbarung nötig wäre.

Die Übernahme der aus dem Tarifvertrag herausgelösten Arbeitszeitbestimmungen durch Betriebsvereinbarung ist auch unter dem Aspekt der unterschiedlichen Regelungsinstrumentarien nicht zuzulassen.[401] Wird von der Legitimation der Vertragsparteien einmal abgesehen,[402] so ist auch deren Überprüfbarkeit sehr unterschiedlich ausgestaltet. Es könnte daher eine unangemessene Betriebsvereinbarung als unwirksam erklärt werden, während die identische tarifvertragliche Bestimmung wegen des unterschiedlichen Prüfungsmaßstabes Bestand haben könnte.

Es ist auch illusorisch, daß eine Betriebsvereinbarung als abstrakte Zulassungsnorm - wie vom Gesetzgeber geplant - in der Realität umgesetzt werden würde.[403] Eine Regelung wird dann getroffen werden, wenn die Vertragsparteien, von einem praktischen Bedürfnis geleitet, eine ver-

---

[398] weitergehend Denck, Bildschirmarbeitsplätze und Mitbestimmung des Betriebsrates, RdA 1982, 279 ff. (289), der in § 87 Abs. 1 Nr. 2 und 3 BetrVG eine Spezialregelung des arbeitszeitlichen Gesundheitsschutzes sieht; dagegen Richardi in Anm. zu AP Nr. 3 zu § 87 BetrVG Arbeitssicherheit

[399] allerdings könnte die Arbeitsverpflichtung unter Beachtung des tariflichen Rahmens in einer Betriebsvereinbarung festgelegt werden

[400] zur Schriftlichkeit vgl. Kreutz, GK-BetrVG § 77 Rn 37 ff.; Dietz/Richardi, BetrVG § 77 Rn 29 ff.; Fitting/Auffarth/Kaiser/Heither, BetrVG § 77 Rn 11 ff.; Galperin/Löwisch, BetrVG § 77 Rn 11

[401] zur Unterschiedlichkeit der Regelungsinstrumentarien s. oben A., I., 4., e), cc)

[402] Biedenkopf, Grenzen der Tarifautonomie, S. 59 ff., 232 ff.; vgl. dazu die grundlegenden Ausführungen bei Richardi, Kollektivgewalt und Individualwille, S. 150 ff., 244 ff. (266 ff.); Wiedemann/Stumpf, TVG § 3 Rn 14 ff. (18); Meik, Der Kernbereich der Tarifautonomie, S. 157 ff., 168 (Fußn. 191), 179

[403] im Schrifttum wird grundsätzlich von der Verknüpfung von Zulassungs- und Inhaltsnormen ausgegangen; vgl. dazu: Peters/Ossenbühl, Die Übertragung von öffentlich-rechtlichen Befugnissen auf die Sozialpartner unter besonderer Berücksichtigung des Arbeitszeitschutzes, S. 111 ff.; Wiedemann/Stumpf, TVG § 1 Rn 247; Wagenitz, Die personellen Grenzen der Tarifautonomie, S. 65 ff.; Richardi, Kollektivgewalt und Individualwille, S. 240 ff.; Zmarzlik, JArbSchG § 21 a Rn 30; ders., AZO § 7 Rn 7; Meisel/Hiersemann, AZO § 7 Rn 14; Denecke/Neumann, AZO § 7 Rn 11

bindliche Regelung treffen wollen. Für die Schaffung eines theoretischen, nicht gelebten Arbeitszeitrahmens wird sich voraussichtlich niemand die Zeit noch die Mühe machen, eine Einigung mit dem Betriebspartner anzustreben. Daher bestehen nicht nur theoretische, sondern auch praktische Bedenken gegen die Ausweitung der Tarifregelung auf Nichtorganisierte durch Betriebsvereinbarung.

III. Zwischenergebnis

1. Die AZO entspricht mit der Verteilung der werktäglichen Arbeitszeit nicht mehr den Anforderungen, die an das Arbeitszeitrecht gestellt werden. Neben der Änderung des Vokabulars ist maßgeblich an flexiblere Ausgleichszeiträume und größere Freiräume für die Verteilung der täglichen Arbeitszeit auf die einzelnen Wochentage zu denken.

2. Der Entwurf des Arbeitszeitgesetzes berücksichtigt in zu befürwortendem Rahmen einen flexibleren Ausgleichszeitraum, schafft aber mit der Verlagerung von Regelungszuständigkeiten auf die Betriebsebene eine rechtlich unhaltbare und rechtspolitisch bedenkliche Neuregelung. Die Unterschiedlichkeit der Regelungsinstrumentarien und die fehlende Aufgabenzuweisung an die Betriebspartner zur Schaffung strafbefreiender Tatbestandsvoraussetzungen sollten auf eine Regelungszuständigkeit bei den Tarifvertragsparteien mit expliziter Überlassung von Regelungsbefugnissen an die Betriebspartner zurückgeführt werden.

3. Die Betriebspartner bedürfen nicht der Zuweisung dieser Regelungskompetenz. Bei Erlaß einer reinen Zulassungsnorm auf Betriebsebene fehlt die praktische Bedeutung, bei Umsetzung der Zulassungsnorm zur Inhaltsbestimmung enthalten § 87 Abs. 1 Nr. 2 und 3 BetrVG und § 80 Abs. 1 Nr. 1 BetrVG bereits praxisbezogene Beteiligungsverpflichtungen.

4. Gegen die Ausweitung der Regelungsbefugnis auf die Betriebsebene und die Arbeitgeber spricht, daß bei den Zulassungsnormen keine konkrete betriebliche oder vertragliche Regelung erfolgen soll. Für eine abstrakte Zulässigkeitsregelung besteht nach gesetzlicher Festlegung von gesundheitlichen Schranken kein praktisches Bedürfnis.

B. Sonn- und Feiertagsruhe

Nach der momentanen Gesetzessituation ist der öffentlich-rechtliche Rahmen für die werktägliche Arbeitszeit dem Grunde nach in der AZO geregelt,[1] während die maßgebenden Bestimmungen für Sonn- und Feiertage in der Gewerbeordnung zu finden sind.[2] Dieser Ausarbeitung liegt nicht die Intention zugrunde, die Möglichkeiten der Sonn- und Feiertagsarbeit nach der GewO aufzuzeigen. Vielmehr geht es darum, die praktischen Probleme der industriellen Sonn- und Feiertagsarbeit aufzuzeigen. Auch hier ist von Bedeutung, ob der Entwurf des Arbeitszeitgesetzes[3] diese Problemfelder aufgreift und praktikable Lösungen anbietet.

I. Sonn- und Feiertagsarbeit nach der GewO

1. Zivilrechtlicher Arbeitsschutz an Sonn- und Feiertagen

Die Einhaltung der Sonn- und Feiertagsruhe ist gem. § 105 a GewO zivilrechtlich abgesichert.[4] Danach können Gewerbetreibende die Arbeitnehmer nicht verpflichten, an Sonn- und Feiertagen zu arbeiten, wenn nicht eine Ausnahme vom Verbot greift.[5] Selbst bei öffentlich-rechtlicher Zulässigkeit der Sonntagsarbeit ist dadurch noch nicht die Frage beantwortet, ob zivilrechtlich eine Arbeitsverpflichtung besteht. Dies ergibt sich jeweils aus dem Arbeitsverhältnis in seiner konkreten Gestaltung.[6]

---

[1] Neumann in Landmann/Rohmer, GewO § 105 b Rn 5

[2] vgl. §§ 105 ff. GewO, neben zahlreichen Rechtsverordnungen

[3] vgl. §§ 7 - 9 EArbZG

[4] Leinemann, Rechtsprobleme der Wochenendarbeit, NZA 1988, 337 ff. (340)

[5] diese zivilrechtliche Sicherung ist grundsätzlich bereits über die öffentlich-rechtliche Gestaltung des Arbeitszeitschutzes i.V.m. § 134 BGB gegeben, vgl. Neumann in Landmann/Rohmer, GewO § 105 a Rn 2 f.

[6] Schaub, Arbeitsrechts-Handbuch § 159 I 3; Neumann in Landmann/Rohmer, GewO § 105 a Rn 4

2. *Öffentlich-rechtlicher Arbeitsschutz an Sonn- und Feiertagen*

Da die zivilrechtliche Unwirksamkeit zum Schutz der Arbeitnehmer vor Sonn- und Feiertagsarbeit nicht ausreicht, wurde mit § 105 b Abs. 1 GewO ein gesetzliches Verbot für das sog. produzierende Gewerbe[7] aufgenommen.[8] Bei einschichtigen Betrieben ist die angeordnete Sonn- und Feiertagsruhe mit dem Kalendertag identisch, bei Betrieben mit regelmäßiger Tag- und Nachtschicht kann zur Einhaltung der Schichtzeiten eine Abweichung von der kalendermäßigen Berechnung erfolgen.[9] Maßgeblich ist jedoch, daß der Betrieb ab Beginn der Ruhezeit 24 Stunden stillsteht.[10]

Zweck dieser Sonn- und Feiertagsruhe ist es, den Arbeitnehmern eine Ruhezeit zu sichern.[11] Greift ein Ausnahmetatbestand vom allgemeinen Verbot der Sonn- und Feiertagsarbeit,[12] ist auch ein entsprechender Zeitausgleich zu gewähren, der in Verbindung mit den Ausnahmebestimmungen vorgegeben ist.[13] Dauer und Lage der höchstzulässigen Arbeitszeit an Sonn-

[7] Neumann in Landmann/Rohmer, GewO § 105 b Rn 12 f.

[8] vgl. insoweit Grundgedanken zum Inhalt des EArbZG in BT-Drucks. 11/360 S. 15 f.; Neumann in Landmann/Rohmer, GewO § 105 b Rn 2; Schaub, Arbeitsrechts-Handbuch § 159 II 1; Mattner, Sonn- und Feiertagsrecht, S. 123; zur Sicherung s. §§ 105 j, 139 b, 147 Abs. 2, Abs. 3 GewO

[9] vgl. § 105 b Abs. 1 S. 4 GewO; damit auch Nutzung der möglichen 144-Werktagsbetriebsstunden; vgl. dazu Zmarzlik, Gesetzlicher Rahmen für Wochenendarbeit, NZA 1989, 537 ff. (539)

[10] Zmarzlik, Zur Zulässigkeit industrieller Sonntagsarbeit, RdA 1988, 257 ff. (260); ders., Gesetzlicher Rahmen für Wochenendarbeit, NZA 1989, 537 ff. (539); Schaub, Arbeitsrechts-Handbuch § 159 II 1 (Fußn. 7); Leinemann, Rechtsprobleme der Wochenendarbeit, NZA 1988, 337 ff. (340); Neumann in Landmann/Rohmer, GewO § 105 b Rn 44 f.

[11] so Kappus, Wirtschaftliche und technische Notwendigkeiten als Ausnahme vom gewerberechtlichen Verbot der Sonntagsarbeit, BB 1987, 120 ff. (dort auch Fußn. 5); ähnlich Neumann in Landmann/Rohmer, GewO § 105 b Rn 4, der den weiteren Zweck sieht, daß die selbständigen Gewerbetreibenden vor gegenseitiger Konkurrenz geschützt werden; ebenso Loritz, Möglichkeiten und Grenzen der Sonntagsarbeit, S. 99 f.; weiter Zmarzlik, Zur Zulässigkeit industrieller Sonntagsarbeit, RdA 1988, 257 ff. (260), der zwar vorrangig den Arbeitnehmerschutz, daneben aber die Sicherung eines möglichst einheitlichen und umfassenden Sonn- und Feiertagsschutzes im Interesse der Allgemeinheit sieht; einschränkend Richardi, Grenzen industrieller Sonntagsarbeit, S. 69 ff. (71); aber auch Ulber, Sonntagsarbeit und technischer Wandel, ArbuR 1987, 249 ff. (250), wonach die Vorschriften zur Sonntagsruhe auch der Sicherung von Verfassungsnormen dienen, die den Schutz der Persönlichkeit oder auch der Familie und die Teilnahme am religiösen Leben bezwecken

[12] vgl. §§ 105 c - 105 i GewO

und Feiertagen sind in der GewO allerdings nicht geregelt. Eine Anrechnung der Arbeitszeit auf die zulässige Höchstarbeitszeit nach der AZO findet nicht statt.[14] Die GewO enthält auch keine Vorschriften über Ruhezeiten und Ruhepausen bei Sonn- und Feiertagsarbeit.[15]

II. Sonn- und Feiertagsarbeit im EArbZG

1. Zielsetzung und Konzeption des Gesetzentwurfes

Ziel des Gesetzentwurfes ist, die Arbeitszeitregelungen für Werktage sowie für Sonn- und Feiertage in einem Gesetz zusammenzufassen, zu vereinheitlichen und auf alle Arbeitnehmer in allen Beschäftigungsbereichen auszudehnen.[16] Außerdem sind die Vorschriften der Arbeitszeitordnung im Einklang mit den im Grundgesetz verankerten Grundsätzen der Sonn- und Feiertagsruhe[17] in das Recht des Arbeitszeitschutzes einzubeziehen und unter grundsätzlicher Aufrechterhaltung des geltenden Rechtszustandes zu modernisieren.[18] Danach besteht ein generelles Verbot für Arbeitnehmer in allen Beschäftigungsbereichen. Die Ausnahmen sind grundsätzlich in Form von Generalklauseln kraft Gesetzes vorgegeben.[19] Wegen des technischen Wandels in der Industrie ist nicht wie in der Gewerbeordnung auf eine enumerative Regelung von Ausnahmetatbeständen zurückgegriffen worden.[20]

---

[13] vgl. z.B. §§ 105 c Abs. 3, Abs. 4; 105 d Abs. 2 i.V.m. 105 c Abs. 3; 105 e Abs. 1 S. 2 i.V.m. 105 c Abs. 3 GewO

[14] dazu § 105 b Abs. 5 S. 3 GewO

[15] vgl. aber Nr. 42 AVAZO, wonach die Vorschriften der §§ 12 und 18 AZO über arbeitsfreie Zeiten und Ruhepausen und des § 19 AZO über Nachtruhe auch für die nach anderen gesetzlichen Vorschriften zulässige Beschäftigung von Gefolgschaftsmitgliedern an Sonn- und Feiertagen gelten, soweit in diesen Vorschriften keine abweichenden Regelungen getroffen sind

[16] BT-Drucks. 11/360 S. 1; Zmarzlik, Zum Entwurf eines Arbeitszeitgesetzes, NZA 1987, Beil. 3, 15 ff.

[17] vgl. Art. 140 GG i.V.m. Art. 139 WV; dazu insb. die verfassungsrechtlichen Ausführungen bei Richardi, Grenzen industrieller Sonntagsarbeit, S. 40 ff.; Loritz, Möglichkeiten und Grenzen der Sonntagsarbeit, S. 15 ff.

[18] vgl. BT-Drucks. 11/360 S. 15 f.

[19] vgl. dazu § 7 Abs. 2 EArbZG und die Ausnahmen nach §§ 8, 9 EArbZG

[20] vgl. insb. § 7 Abs. 2 Nr. 17 - 19 EArbZG und §§ 105 b Abs. 1 S. 1, 105 d GewO

2. *Änderungen im geplanten Arbeitszeitgesetz*

Durch das Arbeitszeitgesetz soll ein einheitliches Regelwerk für die Arbeitszeit an Werk-, Sonn- und Feiertagen geschaffen werden. Der Anwendungsbereich wird auf alle Arbeitnehmer erweitert.[21] Durch die Verweisung in § 7 Abs. 3 S. 2 EArbZG finden bei Sonn- und Feiertagsarbeit grundsätzlich auch die allgemeinen Regelungen der §§ 1 - 6 EArbZG Anwendung.[22] Außerdem sollen zwei, ein Sonntag im Monat muß grundsätzlich[23] beschäftigungsfrei bleiben. Von Bedeutung ist auch die Reduzierung der möglichen Wochenarbeitszeit auf 48 Stunden unter Einbeziehung der Sonntagsarbeit.[24]

Wie bei der werktäglichen Arbeitszeit sind auch bei der Sonn- und Feiertagsarbeit die Tarif- und Betriebspartner in die Regelungsgestaltung einbezogen, wobei sich die Regelungskompetenz nicht auf eine Erweiterung des Ausnahmekataloges nach § 7 Abs. 2 EArbZG erstreckt. Die Befugnis zu abweichenden Regelungen von den Grundnormen über die Dauer der Arbeitszeit an Sonn- und Feiertagen, die Zahl der arbeitsfreien Sonntage und die Ersatzruhetage soll den Tarifparteien und Betriebspartnern ähnlich wie in § 4 EArbZG übertragen werden.[25]

III. Lösung von Problemen bei der Sonn- und Feiertagsarbeit durch den Entwurf des ArbZG

1. *Begriffliche Anpassung*

Der Wortlaut der Bestimmung des § 105 c Abs. 1 Nr. 3 und Nr. 4 GewO wird schon lange sehr weit ausgelegt, um sachgerechte Ergebnisse durch

---

[21] vgl. dazu die Neuregelung in § 18 EArbZG

[22] aber auch Neuregelung in § 8 Abs. 1 Nr. 4 EArbZG auf Bestreben des Bundesrates, BT-Drucks. 11/360 S. 31 unter Zustimmung der Bundesregierung, a.a.O., S. 38, und Abweichungen nach §§ 13 f. EArbZG

[23] auch hier sind wieder Ausnahmen möglich, insb. durch Abweichen der Regelungen nach §§ 8, 13 EArbZG

[24] nach der GewO zählte die Sonn- und Feiertagsarbeit nicht zu den Höchstarbeitszeitbeschränkungen nach der AZO, so § 105 b Abs. 5 S. 3 GewO; nun wird diese Arbeitszeit einbezogen, § 7 Abs. 3 S. 1 EArbZG

[25] BT-Drucks. 11/360 S. 21

diesen Ausnahmetatbestand zu legitimieren.[26] So wird bei der industriellen Sonntagsarbeit[27] in § 7 Abs. 2 Nr. 17 EArbZG die Kontrolltätigkeit[28] neben der Reinigung und Instandhaltung aufgenommen. Nach § 7 Abs. 2 Nr. 18 EArbZG ist es nicht mehr erforderlich, Obst und Gemüse wie bei § 105 a Abs. 1 Nr. 4 GewO unter den Begriff Rohstoffe zu subsumieren.[29] Die Ersetzung des Ausdruckes Arbeitserzeugnis durch Arbeitsergebnis[30] dient der Klarstellung, daß auch für Forschungs- und Entwicklungsarbeiten an Sonn- und Feiertagen eine einwandfreie Rechtsgrundlage gegeben ist. Werden durch die Unterbrechung an Sonn- und Feiertagen einwandfreie, erschöpfende und gesicherte Ergebnisse gefährdet, so greift auch aus diesem Grund die gesetzliche Ausnahme vom Verbot der Sonn- und Feiertagsarbeit.[31] Neuartig ist die Bestimmung des § 7 Abs. 2 Nr. 19 EArbZG.[32] Entsprechend den Ausführungen der Bundesregierung soll dadurch die notwendige Ausnahme für die chemische Industrie geschaffen werden,[33] ohne sie darauf zu beschränken.[34] Gleichzeitig hat der Gesetzgeber damit auch die Ausnahmeregelung bei der kontinuierlichen Produktion festgeschrieben.[35]

---

[26] vgl. Neumann in Landmann/Rohmer, GewO § 105 c Rn 26 ff.; grundlegend auch BayObLG vom 10.01.1963 in AP Nr. 1 zu § 105 c GewO; Zmarzlik, Zur Zulässigkeit industrieller Sonntagsarbeit, RdA 1988, 257 ff. (267)

[27] vgl. dazu nun insb. § 7 Abs. 2 Nr. 15 - 19 EArbZG

[28] zur Begründung vgl. Zmarzlik, Zum Entwurf eines Arbeitszeitgesetzes, NZA 1987, Beil. 3, 15 ff. (22)

[29] Aufnahme des Begriffes Naturerzeugnisse in § 7 Abs. 2 Nr. 18 EArbZG

[30] vgl. dazu § 105 c Abs. 1 Nr. 5 GewO und § 7 Abs. 2 Nr. 18 EArbZG

[31] Zmarzlik, Zum Entwurf eines Arbeitszeitgesetzes, NZA 1987, Beil. 3, 15 ff. (22)

[32] danach sind Arbeitszeiten an Sonn- und Feiertagen zulässig, die aus chemischen, biologischen, technischen oder physikalischen Gründen einen ununterbrochenen Fortgang erfordern

[33] BT-Drucks. 11/360 S. 20

[34] Richardi, Grenzen industrieller Sonntagsarbeit, S. 106 f.

[35] dies gilt sowohl für § 7 Abs. 2 Nr. 18 EArbZG als auch für § 7 Abs. 2 Nr. 19 EArbZG; vgl. Zmarzlik, Zur Zulässigkeit industrieller Sonntagsarbeit, RdA 1988, 257 ff. (268); zum Streit, ob § 105 c Abs. 1 Nr. 4 GewO auch eine kontinuierliche Produktion zuläßt, vgl. BayObLG vom 10.01.1963, AP Nr. 1 zu § 105 c GewO; Leinemann, Rechtsprobleme der Wochenendarbeit, NZA 1988, 337 ff. (341 f.); Kappus, Wirtschaftliche und technische Notwendigkeiten als Ausnahme vom gewerberechtlichen Verbot der Sonntagsarbeit, BB 1987, 120 ff. (123); Neumann in Landmann/Rohmer, GewO § 105 c Rn 32; Richardi, Grenzen industrieller Sonntagsarbeit, S. 68 ff.; Loritz, Möglichkeiten und Grenzen der Sonntagsarbeit, S. 112 ff.; Ulber, Sonntagsarbeit und technologischer Wandel, ArbuR 1987, 249 ff. (252 f.); Däubler, Sonntagsarbeit aus technischen und wirtschaftlichen Gründen, DB 1988, Beil. 7, S. 10 ff.; Röhsler, Die Arbeitszeit, S. 139

2. *Regel und Ausnahme*

Auch wenn nach den Regelungen in § 105 c Abs. 1 GewO eine Ausnahme vom Verbot der Sonn- und Feiertagsarbeit kraft Gesetzes gegeben ist, hat der Arbeitgeber ein Verzeichnis zu führen. Einzutragen sind für jeden Einzelfall die Zahl der beschäftigen Arbeitnehmer, die Dauer ihrer Beschäftigung sowie die Art der vorgenommenen Arbeiten.[36] Dadurch wird eine Kontrolle für die zuständige Behörde ermöglicht und eine sehr weite Auslegung der Ausnahmen nach § 105 c Abs. 1 GewO verhindert.[37] Diese Vorschrift entfällt. Nach dem Entwurf des Arbeitszeitgesetzes ist das Führen eines solchen Verzeichnisses nicht mehr erforderlich.

Die Regel ist das Verbot der Sonn- und Feiertagsarbeit. Greift eine Ausnahme, ohne daß die Behörde im Einzelfall eine Erlaubnis aussprechen muß, so ist durch die Pflicht zur Führung des Verzeichnisses nach § 105 c Abs. 2 GewO eine Mißbrauchshürde eingebaut.[38] Den erforderlichen Schutz soll nun § 9 Abs. 3 Nr. 1 EArbZG gewähren. Es bestehen Bedenken, daß der Sonntagsschutz dadurch erheblich geschwächt werden könnte, da der Unternehmer allein entscheide.[39] Diese Begründung kann jedoch nicht überzeugen. Der Arbeitgeber kann auch nach § 105 c Abs. 1 GewO frei über die Wahrnehmung der gesetzlichen Ausnahme entscheiden. Gem. § 17 Abs. 1 Nr. 4 EArbZG trägt er auch weiterhin das Risiko, gegen das gesetzliche Verbot aus § 7 Abs. 1 EArbZG zu verstoßen.[40] Da auch der Betriebsrat über

---

[36] vgl. § 105 c Abs. 2 GewO

[37] Neumann in Landmann/Rohmer, GewO § 105 c Rn 34 ff.; Richardi, Grenzen industrieller Sonntagsarbeit, S. 31 ff.

[38] Mattner, Sonn- und Feiertagsrecht, S. 123 ff., der in der GewO ein repressives Verbot als intensiveren Schutz verlangt, jedoch die Wertung des Gesetzgebers nach mehr Flexibilität und damit mehr Berufsausübungsfreiheit zum Nachteil aus sonntagsschützender Sicht dadurch gemildert sieht, daß dies durch die Pflicht zum Führen eines Verzeichnisses einem Verbot mit Anzeigenvorbehalt entspreche

[39] so Mattner, Sonn- und Feiertagsrecht, S. 125, der anstelle der faktisch völligen Freigabe eine Anzeigepflicht entsprechend § 14 GewO vorschlägt; ähnlich Richardi, Grenzen industrieller Sonntagsarbeit, S. 115 f., der § 105 c Abs. 2 GewO die Bedeutung beimißt, daß die Ausnahme nicht zur Regel werde; Richardi geht aber auch davon aus, daß die Kontrolle nach § 105 c Abs. 2 GewO nicht der Bedeutung entsprechend wahrgenommen werde (a.a.O., S. 104)

[40] s. auch Leinemann, Rechtsprobleme der Wochenendarbeit, NZA 1988, 337 ff. (340), der ein Tätigwerden ohne vorherigen Kontakt mit den zuständigen Behörden aus Gründen der Praktikabilität bereits nach der GewO empfiehlt, da verwaltungsgerichtliche Auseinandersetzungen sehr langwierig sein können

die Durchführung der Arbeitnehmerschutzvorschriften als allgemeine Aufgabe im Sinne des § 80 Abs. 1 Nr. 1 BetrVG zu wachen hat, ist der Mißbrauch durch den Arbeitgeber bei vorhandenem Betriebsrat kaum zu erwarten.[41] Bei begründeten Zweifeln an der Rechtmäßigkeit der Sonn- und Feiertagsarbeit werden die Aufsichtsbehörden jedoch von Amts wegen tätig. Nach Anfrage mit entsprechender Information der Aufsichtsbehörde kann vorab ein klärender Bescheid über das Greifen eines Ausnahmetatbestandes beantragt werden.[42]

3. Änderung der Gesetzessystematik

In der GewO ist momentan eine Trennung der zivilrechtlichen und öffentlich-rechtlichen Arbeitszeitbestimmungen aufgenommen und es wird danach differenziert, ob der Betrieb selbst vom Verbot der Sonntagsarbeit befreit ist oder nur gewisse Arbeiten bei Geltung des Verbots der Sonntagsarbeit zulässig sind.[43] Diese Systematik wird im Entwurf des Arbeitszeitgesetzes nicht beibehalten. Grundsätzlich soll das Beschäftigungsverbot nach § 7 Abs. 1 EArbZG für alle gelten. Die Übersichtlichkeit des Ausnahmekatalogs in § 7 Abs. 2 EArbZG entspricht einer übersichtlichen Darstellung eher als die kaum zu durchschauende Systematik der §§ 105 a ff. GewO. Daneben tritt eine Erweiterung der öffentlich-rechtlichen Schutzwirkung ein. Die Voraussetzungen für eine zulässige Beschäftigung sind nach der Gesetzeskonzeption jeweils zu prüfen und beziehen auch die Bereiche ein, auf die nach der GewO das Beschäftigungsverbot nicht anzuwenden ist.[44] Der weitergehende Schutz mit der jeweiligen Prüfung der Ausnahmevoraussetzungen verspricht einen höheren Schutz und ist daher zu bevorzugen.

---

[41] Kraft, GK-BetrVG § 80 Rn 11 f., 23 ff.; Dietz/Richardi, BetrVG § 80 Rn 4, 13; daneben besteht oftmals auch das Mitbestimmungsrecht des Betriebsrates nach § 87 Abs. 1 Nr. 2 BetrVG

[42] auch der einzelne Arbeitnehmer kann bei der Aufsichtsbehörde anfragen, ob ein Ausnahmetatbestand greift.

[43] vgl. dazu Richardi, Grenzen industrieller Sonntagsarbeit, S. 105,

[44] der in der GewO nach § 105 i GewO ausgeschlossene Bereich ist nunmehr in den Katalog des § 7 Abs. 2 EArbZG aufgenommen; das Kriterium der Erforderlichkeit macht die jeweilige Entscheidung vom Einzelfall abhängig (anders als die Ausnahmegenehmigung für einen Gewerbezweig insgesamt)

4. Deutliche Erweiterung oder Verengung zugelassener Sonn- und Feiertagsarbeit?

Im Zusammenhang mit dem Entwurf des Arbeitszeitgesetzes wird von einer deutlichen Erweiterung der Sonntagsarbeit[45] und einer erheblichen Schwächung des Sonntagsschutzes[46] ebenso wie von einer Verengung der Zulässigkeit gesprochen.[47] Hinzu kommen das Problem der Erforderlichkeit bei Sonn- und Feiertagsarbeit und die dazu bestehenden Äußerungen von Bundesregierung und Bundesrat.[48] Die tatsächlichen Unterschiede sind jedoch gering. Dem Grunde nach hat nur eine einheitliche Formulierung und Festschreibung einer bereits praktizierten Anwendung der GewO stattgefunden.[49] Unterblieben ist allerdings eine Regelung, wann die Sonn- und Feiertagsarbeit erforderlich ist.[50] Eine Ausweitung der Zulässigkeit für Sonn- und Feiertagsarbeit aufgrund rein wirtschaftlicher Überlegungen wird vom Gesetzgeber zwar ausdrücklich verneint,[51] jedoch sind es maßgeblich rein wirtschaftliche Gründe, die eine Überprüfung dieser Aussagen wegen der Konkurrenzfähigkeit der deutschen Wirtschaft gegenüber ausländischen Unternehmen notwendig erscheinen lassen.[52] Maßgebliche Bedeutung wird der "Erforderlichkeit" oder der Auslegung durch die Einschränkung "sofern die Arbeiten nicht an Werktagen vorgenommen werden können" zukommen.

---

[45] Richardi, Grenzen industrieller Sonntagsarbeit, S. 105

[46] Mattner, Sonn- und Feiertagsrecht, S. 125

[47] Zmarzlik, Zur Zulässigkeit industrieller Sonntagsarbeit, RdA 1988, 257 ff. (268)

[48] BT-Drucks. 11/360 S. 30 f. und der Gegenäußerung S. 38; dazu auch Mattner, Sonn- und Feiertagsrecht, S. 125

[49] vgl. die Ausnahmemöglichkeiten nach § 105 c Abs. 1 Nr. 3 und Nr. 4 GewO und § 7 Abs. 2 Nr. 17 und 18 EArbZG und nach § 105 d GewO und § 7 Abs. 2 Nr. 19 EArbZG

[50] Loritz, Möglichkeiten und Grenzen der Sonntagsarbeit, S. 177, 179; a.A. Richardi, Grenzen industrieller Sonntagsarbeit, S. 106 f.

[51] BT-Drucks. 11/360 S. 20

[52] daher findet auch eine Überprüfung der Wettbewerbsbedingungen zwischen deutschen und EG-Unternehmen bei Maschinenlaufzeiten statt; s. auch Schwedes, Gesetzliche Arbeitszeitregelung als Rahmen für die flexible Arbeitszeit, S. 97 ff. (112) in: Hromadka, Arbeitszeitrecht im Umbruch; Loritz, Möglichkeiten und Grenzen der Sonntagsarbeit, S. 175 ff., 184; vgl. auch den Versuch des Bundesrates, bei hoher Kapitalintensität Ausnahmen zuzulassen, BT-Drucks. 11/360 S. 31 f. und die Ablehnung der Bundesregierung, BT-Drucks. 11/360 S. 38; zur Verfassungsmäßigkeit einer derartigen Regelung vgl. Loritz, a.a.O., S. 178

Wann ist die Vornahme ohne unverhältnismäßige Opfer möglich?[53] Nach vorherrschender Ansicht wird, solange eine Regelung aussteht, eine Orientierung an der magischen 5 %-Grenze die praktische Lösung darstellen.[54] Von den Sachzwängen insbesondere in der chemischen Industrie, die nach Regelungen verlangen, ist in der entscheidenden Frage der Sonntagsarbeit aus wirtschaftlichen Gründen weder eine Erweiterung noch eine Verringerung festzustellen.

5. Gründe des Gemeinwohls und wirtschaftliche Gründe

Zur Vermeidung erheblicher Schäden und unter Berücksichtigung des Schutzes der Arbeitnehmer und der Sonn- und Feiertagsruhe kann die Bundesregierung mit Zustimmung des Bundesrates aus Gründen des Gemeinwohls über § 7 Abs. 2 EArbZG hinaus weitere Ausnahmen zulassen.[55] Diese Möglichkeit trage den lebenswichtigen Interessen der deutschen Industrie Rechnung.[56] Weder der Gesetzentwurf noch die Begründung dazu geben Aufschluß über die Bedeutung dieses Begriffes. Bei Verletzung lebenswichtiger Interessen der deutschen Industrie[57] kann ab einer gewissen Intensität durchaus auch das Gemeinwohl beeinträchtigt sein.[58] Neben den verfassungsrechtlichen Bedenken[59] fragt sich, wann nicht nur Interessen, sondern lebenswichtige Interessen der deutschen Wirtschaft bedroht oder betroffen sind. Reichen dann überhaupt die Anliegen einzelner Betriebe oder Industriezweige aus?[60] Es empfiehlt sich, die Anregungen des Bundesrates[61]

---

[53] vgl. dazu Neumann in Landmann/Rohmer, GewO § 105 c Rn 23 ff., 31 f.; danach wird die Erforderlichkeit erst dann bejaht, wenn 5 % der Wochenproduktion durch Unterbrechung und erneute Inbetriebnahme wegen eines Sonn- oder Feiertages eingebüßt werden

[54] vgl. dazu die ausführliche Darstellung des Meinungsstandes bei Zmarzlik, Zur Zulässigkeit industrieller Sonntagsarbeit, RdA 1988, 257 ff. (262 - 265)

[55] vgl. § 9 Abs. 1 Nr. 2 c EArbZG

[56] BT-Drucks. 11/360 S. 38; so auch Zmarzlik, Zur Zulässigkeit industrieller Sonntagsarbeit, RdA 1988, 257 ff. (269)

[57] insoweit Aussage der Bundesregierung in BT-Drucks. 11/360 S. 38 zur Forderung des Bundesrates in BT-Drucks. 11/360 S. 31 f.

[58] vgl. dazu Loritz, Möglichkeiten und Grenzen der Sonntagsarbeit, S. 177

[59] vgl. Mattner, Sonn- und Feiertagsrecht, S. 135 f., der den Sachbereich und den Regelungsgehalt als zu weit gesteckt ansieht

[60] so Loritz, Möglichkeiten und Grenzen der Sonntagsarbeit, S. 177

[61] BT-Drucks. 11/360 S. 31 f.

im Hinblick auf den anstehenden internationalen Wettbewerb erneut zu überdenken und die Gründe des Gemeinwohls stärker als bisher auch in wirtschaftlicher Hinsicht zu verstehen.[62]

6. Freizeitausgleich und Ausgleichsrahmen

Nach § 7 Abs. 3 S. 1 EArbZG sollen zwei Sonntage im Monat beschäftigungsfrei bleiben; mindestens ein Sonntag im Monat muß beschäftigungsfrei bleiben. Ob von der Soll-Vorschrift Gebrauch gemacht werden wird, kann dahingestellt bleiben, da der Mindestarbeitsschutz nur einen beschäftigungsfreien Sonntag verlangt. Während Mattner nach wie vor die Ruhe an einem Sonntag sichergestellt sieht und die Neuregelung darüberhinaus den Arbeitnehmer an einem Werktag zum Ausgleich freistellt,[63] sieht Richardi den verfassungsrechtlich gebotenen Schutzauftrag stärker eingeschränkt als nach der Regelung gem. § 105 c Abs. 3 GewO,[64] da sich dieser auf den Sonntag und nicht auf einen Ersatztag beziehe.[65] Das Mindestmaß der sonntäglichen Ruhe ist aber durch die geplante Neuregelung nicht deutlich zurückgenommen.[66] Bei Beachtung der Soll-Vorschrift des § 7 Abs. 3 S. 1 EArbZG geht sie sogar über den Schutz der Gewerbeordnung hinaus.[67]

7. Abweichende Regelungen

Gem. § 8 EArbZG kann durch Tarifvertrag oder in einer Betriebsvereinbarung, wenn ein Tarifvertrag dies zuläßt oder Arbeitszeitfragen im Tarifvertrag nicht geregelt werden, abweichend von § 7 Abs. 3 und 4 EArbZG eine modifizierende Regelung getroffen werden.

---

[62] auch wenn nach § 14 Abs. 2 EArbZG widerruflich weitere Ausnahmen zugelassen werden können, soweit sie im öffentlichen Interesse dringend nötig werden; vgl. dazu Zmarzlik, Zur Zulässigkeit industrieller Sonntagsarbeit, RdA 1988, 257 ff. (269, dort auch Fußn. 110 f.)

[63] Mattner, Sonn- und Feiertagsrecht, S. 132, dem jedoch der Abgeltungszeitraum von einem Monat zu lang erscheint

[64] Richardi, Grenzen industrieller Sonntagsarbeit, S. 107

[65] Richardi, Grenzen industrieller Sonntagsarbeit, S. 46 ff., der darauf abstellt, daß neben der institutionellen Garantie auch eine Garantie des Status-quo gegeben sei, die auch den Wochenrhythmus zwischen Sonn- und Werktagen umfasse

[66] so aber Richardi, a.a.O., S. 107

[67] zwei Sonntage im Monat gegenüber jedem dritten Sonntag volle 36 Stunden, vgl. § 105 c Abs. 3 GewO

a) Bedenken gegen die Ermächtigung

Grundsätzlich begegnet diese Ermächtigung den gleichen Bedenken wie bei § 4 EArbZG.[68] Aufgrund der Parallele zu dieser Vorschrift ist auch bezeichnend, daß die Ermächtigungsgrundlage für den Erlaß einer Rechtsverordnung in § 4 Abs. 5 EArbZG durch Verweisung auf § 4 Abs. 1 EArbZG erfolgt. Die Tarifvertragsparteien und Betriebsvereinbarungspartner werden daher einem Adressaten gem. Art. 80 Abs. 1 GG der Sache nach gleichgestellt.[69]

b) Inhaltliche Einschränkungen

Den Tarifparteien und Betriebspartnern wird die Möglichkeit gegeben, in allen Fällen, in denen eine Beschäftigung an Sonn- und Feiertagen zulässig ist, eine anderweitige Regelung von beschäftigungsfreien Sonn- und Ausgleichstagen zu treffen. Insbesondere die Modifikation nach §§ 8 Nr. 1 i.V.m. 7 Abs. 3 S. 1, 2. Hs. EArbZG stellt einen sehr gravierenden Eingriff in das gesetzliche Modell für beschäftigungsfreie Sonntage zur Verfügung.[70] Damit wird den Koalitionen und möglicherweise auch den Betriebspartnern ein sehr weiter Raum für Regelungen überlassen. Eine Beeinträchtigung des Sonn- und Feiertagsschutzes muß, um der institutionellen Garantie des Art. 140 GG i.V.m. Art. 139 WV nachzukommen, Bedingungen festlegen, die eine Nivellierung von Sonn- und Werktagen vermeidet.[71] Abgesehen von einer sachlichen Rechtfertigung bei Sonn- und Feiertagsarbeit ist eine Einbeziehung der Tarifpartner[72] nur unter Vorgabe eines bestimmten Rahmens möglich, der die institutionelle Garantie nicht tangiert. Soweit

---

[68] ebenso Richardi, Grenzen industrieller Sonntagsarbeit, S. 108; vgl. auch die Verweisung in § 7 Abs. 3 S. 2 EArbZG, der auf § 4 EArbZG und somit die Möglichkeit für abweichende Regelungen hinweist und daher die Probleme i.V.m. § 4 Abs. 1 EArbZG zum Tragen kommen

[69] so ausdrücklich Richardi, Grenzen industrieller Sonntagsarbeit, S. 108

[70] die einzige Vorgabe ist, daß 13 arbeitsfreie Sonntage pro Jahr gewährt werden müssen; danach ist eine permanente Sonntagsarbeit für die Dauer von 9 Monaten (oder 39 Wochen) möglich

[71] Richardi, Grenzen industrieller Sonntagsarbeit, S. 109

[72] Richardi, Grenzen industrieller Sonntagsarbeit, S. 110, der nur von den Tarifpartnern und deren Einbeziehung in den Arbeitnehmerschutz ausgeht; zu den Bedenken der Einbeziehung der Betriebspartner in den öffentlich-rechtlichen Arbeitsschutz s.o. A., I., 4.

allerdings Bezugspunkt die Mindestanzahl beschäftigungsfreier Sonntage im Jahr ist, sind verfassungsrechtliche Bedenken nicht zu negieren.[73]

c) Zwölfstundenschicht

Auf Anregung des Bundesrates[74] soll ein Passus aufgenommen werden, der den Tarifvertragsparteien und unter bestimmten Voraussetzungen den Betriebspartnern abweichend von den Arbeitszeitschranken der §§ 1 - 4 EArbZG in vollkontinuierlichen Schichtbetrieben eine Arbeitszeitverlängerung bis zu zwölf Stunden am Tag ermöglicht, wenn dadurch zusätzliche Sonntagsfreischichten erreicht werden.[75] Die Bundesregierung hat diesem Vorschlag bereits zugestimmt.[76] Wird eine werktägliche Arbeitszeit von mehr als acht Stunden grundsätzlich ausgeschlossen und nur bei abweichenden Regelungen bis maximal zehn Stunden zugelassen,[77] so erstaunt diese Möglichkeit auf den ersten Blick.[78] Dabei bestehen durchaus Überlegungen, die Ausweitung des Arbeitszeitrahmens auf zwölf Stunden pro Tag zu verlangen. Dadurch seien auch entsprechend lange Freizeitperioden gegeben, die genügend Zeit zur Erholung ließen.[79] Auch für Teilzeitkräfte biete eine größere Flexibilität interessante Beschäftigungsmöglichkeiten, die arbeitsschutzrechtlich vertretbar seien und den Arbeitnehmern sogar entgegenkommen könnten.[80] Diesen Ansatzpunkt hatte auch der Bundesrat aufgenommen.[81] Bei einer wöchentlichen Arbeitszeit von nicht mehr als 28 Stunden sollte für Gaststätten und andere Einrichtungen zur

---

[73] Richardi, Grenzen industrieller Sonntagsarbeit, S. 110, da die Teilnahme am verfassungsrechtlich geschützten Wochenrhythmus zwischen Sonn- und Werktagen nicht gewährleistet wäre

[74] BT-Drucks. 11/360 S. 31

[75] geplant in § 8 Nr. 4 EArbZG

[76] BT-Drucks. 11/360 S. 38

[77] vgl. §§ 1, 4 Abs. 1 Nr. 1 EArbZG

[78] vgl. insb. die Erläuterungen der Bundesregierung in BT-Drucks. 11/360 S. 17 f., 38

[79] so Löwisch, Arbeits- und sozialrechtliche Hemmnisse einer weiteren Flexibilisierung der Arbeitszeit, RdA 1984, 197 ff. (200, 213)

[80] vgl. dazu Schüren, Neue rechtliche Rahmenbedingungen der Arbeitszeitflexibilisierung, RdA 1985, 22 ff. (25)

[81] in die entgegengesetzte Richtung gehen die Entwürfe der Grünen (BT-Drucks. 11/1188) und der SPD (BT-Drucks. 11/1617) zum Arbeitszeitgesetz, die bereits im öffentlich-rechtlichen Arbeitszeitschutz eine Begrenzung der täglichen Höchstarbeitszeit auf acht Stunden erreichen wollen

Bewirtung und Beherbergung auch eine tägliche Arbeitszeit bis zu zwölf Stunden vereinbar sein.[82] Das Schutzbedürfnis für Aushilfskräfte sei geringer als für Arbeitnehmer mit Vollarbeitszeit.[83] Die Bundesregierung lehnt eine Ausweitung des Arbeitszeitrahmens ab und weist darauf hin, daß die Begrenzung auf acht bzw. zehn Stunden pro Tag den bisherigen arbeitswissenschaftlichen und arbeitsmedizinischen Erkenntnissen und Erfahrungen zum Schutze der Arbeitnehmer entspreche. Dieser Gesundheitsschutz sei auch dann notwendig, wenn Arbeitnehmer nicht an allen Tagen der Woche beschäftigt würden.[84] Trotzdem wird einer regelmäßigen Ausweitung auf zwölf Stunden am Wochenende ohne jede Begründung zugestimmt.[85] Dieser Widerspruch läßt sich nur dadurch auflösen, daß gesundheitliche Aspekte einer zeitweiligen und regelmäßigen Beschäftigung bis zu zwölf Stunden nicht entgegenstehen. Denn es ist Aufgabe des Gesetzgebers, den Arbeitszeitrahmen orientiert am Gesundheitsschutz verbindlich abzustecken. Voraussetzung für eine derartige Ausweitung ist allerdings, daß bei einer Verlängerung der täglichen Arbeitszeit dem Sonn- und Feiertagsschutz stärker Rechnung getragen werden kann. Gesundheitsschutz und Sonn- und Feiertagsruhe sind beide nebeneinander zu beachten, so daß nach einer Interessenabwägung ausnahmsweise Zwölfstundenschichten am Sonntag zulässig sein können.[86]

IV. Stellungnahme

Bei der täglichen Arbeitszeit und den Problemen dazu steht der Gesundheitsschutz im Vordergrund. Ist die Arbeit an Sonn- und Feiertagen gefragt, kommt zusätzlich der im Grundgesetz und in der Weimarer Verfassung verankerte Grundsatz der Sonn- und Feiertagsruhe zum Tragen.[87] An diesen Tagen ist die Beschäftigung von Arbeitnehmern in der Regel verboten. Bereits hier werden vom Ansatz her Fehler in der Betrachtung gemacht. Der zusätzliche Schutz der Arbeitnehmer gilt nur für Sonn- und

---

[82] BT-Drucks. 11/360 S. 30

[83] so die Begründung in BT-Drucks. 11/360 S. 30

[84] so in der Ablehnung der Bundesregierung zum Vorschlag des Bundesrates in BT-Drucks. 11/360 S. 38

[85] BT-Drucks. 11/360 S. 38

[86] vgl. dazu das Beispiel bei Zmarzlik, Zur Zulässigkeit industrieller Sonntagsarbeit, RdA 1988, 257 ff. (270)

[87] Art. 140 GG i.V.m. Art. 139 WV

Feiertage,[88] so daß vom öffentlich-rechtlichen Standpunkt aus der Sonnabend dem normalen Werktag gleichzustellen ist.[89] Daß durch Tarifverträge, Betriebsvereinbarungen oder Einzelarbeitsverträge am Sonnabend keine Arbeitsverpflichtung besteht,[90] hat mit dem öffentlich-rechtlichen Arbeitszeitschutz nichts zu tun.[91] Niemand bestreitet die verfassungsrechtliche Zulässigkeit von Sonntagsarbeit, wenn auch unterschiedliche Anforderungen gestellt werden. Die maßgeblichen Bestimmungen sind in der Gewerbeordnung geregelt.[92] Im Entwurf des Arbeitszeitgesetzes sollen diese Arbeitszeitschutzvorschriften aufgenommen, der seit 1891 erfolgten technischen Entwicklung angepaßt und auf alle Arbeitnehmer ausgedehnt werden.[93] Ob mit Richardi davon ausgangen wird, daß das Regelungssystem der Gewerbeordnung klar und eindeutig sei[94] und durch Stagnierung der bundesrechtlichen Regelungen eine wirksamere Demontage stattgefunden habe als Ausnahmeregelungen es je vermocht hätten,[95] oder ob mit Loritz davon auszugehen ist, daß die gesetzlichen Regelungen aufgrund der sich wandelnden wirtschaftlichen Gegebenheiten lückenhaft geworden seien kann dahingestellt bleiben.[96] Es bestehen sowohl terminologische Gründe als auch

---

[88] Richardi, Grenzen industrieller Sonntagsarbeit, S. 43 ff.; Loritz, Möglichkeiten und Grenzen der Sonntagsarbeit, S. 19 ff. m.w.N. insb. zur Rechtsprechung; Richardi sieht dabei neben der institutionellen Garantie eine verfassungsrechtliche Gewährleistung des Status-quo, a.a.O., S. 45 f.

[89] beachtenswert insoweit die Gesetzentwürfe der SPD in BT-Drucks. 11/1617 und der Grünen in BT-Drucks. 11/1188, die beide eine arbeitsschutzrechtliche Festschreibung der Fünf-Tage-Woche von Montag bis Freitag fordern; zur Arbeit am Sonnabend vgl. Zmarzlik, Gesetzlicher Rahmen für Wochenendarbeit, NZA 1989, 537 ff. (538 f.)

[90] vgl. dazu das Arbeitszeitabkommen im Manteltarifvertrag für die Arbeitnehmer der Cigarettenindustrie vom 27. August 1988, I., 1., b), in dem die Arbeitstage von Montag bis Freitag festgelegt sind und der Sonnabend als Werktag nur nach Übereinstimmung zwischen Arbeitgeber und Betriebsrat zum Arbeitstag wird

[91] dies wird offensichtlich verkannt, wenn den Betrieben vorgeworfen wird, den Sonnabend wieder zum normalen Werktag zu machen, so Unterhinninghofen, Für ein soziales Arbeitszeitrecht, AiB 1988, 27 ff.; s. auch den Gesetzentwurf der Grünen in BT-Drucks. 11/1188 und der SPD in BT-Drucks. 11/1617 zum Arbeitszeitgesetz.

[92] abgesehen von den Spezialbestimmungen beispielsweise in §§ 17 f. JArbSchG oder § 8 MuSchG

[93] BT-Drucks. 11/360 S. 1

[94] so Richardi, Grenzen industrieller Sonntagsarbeit, S. 103

[95] Richardi, Grenzen industrieller Sonntagsarbeit, S. 104; dagegen Loritz, Möglichkeiten und Grenzen industrieller Sonntagsarbeit, S. 171 f. (Fußn. 7); ähnlich Herschel, Bemerkungen zum Entwurf eines Arbeitszeitgesetzes, BB 1986, 384 f.

[96] Loritz, Möglichkeiten und Grenzen industrieller Sonntagsarbeit, S. 127 ff.

wirtschaftliche Problemfelder, die nach einer Neuregelung verlangen.[97] Der verfassungsrechtliche Schutz der Sonn- und Feiertagsruhe ist nicht unbegrenzt. Schrancken ergeben sich aus der Beeinträchtigung anderer Grundrechte,[98] so daß die Interessen der tangierten Bereiche abzuwägen sind. Eine Verletzung der institutionellen Garantie ist zwar nicht erst anzunehmen, wenn eine Nivellierung von Sonn- und Werktag eingetreten ist,[99] jedoch wird von der Verfassung nur der Kernbereich geschützt.[100] Dadurch sind zumindest verfassungsrechtlich keine Bedenken anzumelden, wenn der Gesetzgeber - ohne den Kernbereich zu verletzen - von der Möglichkeit der Gesetzgebung Gebrauch macht. Haben es Gesetz- und Verordnungsgeber verstanden, durch großzügige Auslegung und Interpretation die bestehenden gewerberechtlichen Bestimmungen den sich wandelnden Gegebenheiten anzupassen, so ist der entscheidende und umstrittene Bereich der Zulässigkeit von Sonn- und Feiertagsarbeit aus wirtschaftlichen Gründen nicht behandelt worden. Zwar wird ausdrücklich betont, daß die Zulassung aus wirtschaftlichen Gründen unzulässig sei,[101] doch sind diese oftmals von den technischen Gründen nicht zu trennen.[102] Gerade die Wirtschaftlichkeit spielt bei der Erforderlichkeit und Nicht-Verschiebbarkeit der Arbeiten an Sonn- und Feiertagen eine

---

[97] s. o. B., III., 1. und B., II., 2.

[98] Mattner, Sonn- und Feiertagsrecht, S. 62 ff.; Richardi, Grenzen industrieller Sonntagsarbeit, S. 43 ff.; Loritz, Möglichkeiten und Grenzen industrieller Sonntagsarbeit, S. 67 ff.; Kappus, Wirtschaftliche und technische Notwendigkeiten als Ausnahme vom gewerberechtlichen Verbot der Sonntagsarbeit, BB 1987, 120 ff. (124); Leinemann, Rechtsprobleme der Wochenendarbeit, NZA 1988, 337 ff. (342)

[99] Richardi, Grenzen industrieller Sonntagsarbeit, S. 59, der eine sachliche Rechtfertigung nicht ausreichen läßt, sondern die Ausnahme im Licht der Bedeutung der institutionellen Garantie für die Gestaltung der sozialen Ordnung sehen will; ähnlich Ulber, Sonntagsarbeit und technologischer Wandel, ArbuR 1987, 249 ff. (252 ff.), wenn überragende Unternehmensinteressen die Sonntagsarbeit unvermeidbar machen; Däubler, Sonntagsarbeit aus technischen und wirtschaftlichen Gründen, DB 1988, Beil. Nr. 7, 11 ff.; a.A. Kappus, Wirtschaftliche und technische Notwendigkeiten als Ausnahme vom gewerberechtlichen Verbot der Sonntagsarbeit, BB 1987, 120 ff. (122 f.), der vernünftige und angemessene Gründe für die Sonntagsarbeit ausreichen läßt

[100] Richardi, Grenzen industrieller Sonntagsarbeit, S. 43 ff.; Loritz, Möglichkeiten und Grenzen der Sonntagsarbeit, S. 19 ff.; s. auch Wlotzke, Zum Regierungsentwurf eines neuen Arbeitszeitgesetzes, NZA 1984, 182 ff. (184), der davon ausgeht, daß der Status-quo durch eine Einführung des Arbeitszeitgesetzes gewahrt bleibe, denn es könne auch bei einer Ausweitung in § 7 Abs. 2 Nr. 19 EArbZG durch die fehlende Beschränkung auf die chemische Industrie nicht von einer Verletzung der institutionellen Garantie gesprochen werden

[101] BT-Drucks. 11/360 S. 20

[102] zum Verhältnis der technischen und wirtschaftlichen Notwendigkeiten und zum Bezugspunkt der Wirtschaftlichkeit vgl. Kappus, Wirtschaftliche und technische Notwendigkeiten als Ausnahme vom gewerberechtlichen Verbot der Sonntagsarbeit, BB 1987, 120 ff. (124 f.)

entscheidende Rolle.[103] Der vorgezeichnete Zumutbarkeitsrahmen schwankt[104] und wird bezogen auf eine Wochenproduktion mit 144 Betriebsstunden.[105] Im Entwurf des Arbeitszeitgesetzes wird darauf nicht eingegangen.

Die angebotene Hilfestellung aus Gründen des Gemeinwohls zur Wahrnehmung lebenswichtiger Interessen[106] wird den Bedürfnissen nach einer sinnvollen Regelung nicht gerecht und läßt Zweifel offen, ob dadurch einzelnen Branchen rechtzeitig alternative Handlungsweisen geboten werden.[107] Müssen erst lebenswichtige Interessen der deutschen Industrie bedroht oder verletzt sein, ist der Schaden möglicherweise sehr viel größer als bei einer Festschreibung, unter welchen Voraussetzungen auch aus rein wirtschaftlichen Gründen Sonntagsarbeit zulässig ist.[108] Daß der Gesetzgeber diese Schwachstelle erkannt hat, ist durch die Koalitionsvereinbarung zwischen CDU/CSU und FDP zur Überprüfung der Wettbewerbsbedingungen zwischen deutschen und EG-Unternehmen[109] bei Maschinenlaufzeiten bereits zum Ausdruck gekommen. Bleibt zu erwarten, daß die Erkenntnisse auch im Arbeitszeitgesetz umsetzt werden.

Die Ausweitung auf die Tarifparteien sollte konkreter gefaßt werden, insbesondere im Hinblick auf entsprechende Ausgleichstage.[110] Eine gesetzliche Kompetenzzuweisung an die Betriebspartner ohne Übertragung durch die Tarifvertragsparteien unterliegt denselben Bedenken wie bei der Ausweitungsmöglichkeit nach § 4 Abs. 1 EArbZG.[111] Aus Kontroll- und Beweisgründen sollte an der Führung eines Verzeichnisses wie nach § 105 c

---

[103] zum Meinungsstand ausführlich: Zmarzlik, Zur Zulässigkeit industrieller Sonntagsarbeit, RdA 1988, 257 ff. (262 ff.)

[104] 5 % als zumutbare Opfergrenze; s. o. Fußn. 456

[105] 6 Werktage je 24 Stunden

[106] BT-Drucks. 11/360 S. 38

[107] insb. wenn die Verletzung von Grundrechten wie Art. 12, 14 GG zu besorgen sind

[108] ähnlich Loritz, Möglichkeiten und Grenzen der Sonntagsarbeit, S. 177 ff., 187 ff.

[109] vgl. dazu die rechtsvergleichende Betrachtung der Zulässigkeit von Sonn- und Feiertagsarbeit in anderen Ländern bei Loritz, Möglichkeiten und Grenzen der Sonntagsarbeit, S. 151 ff.

[110] ebenso Mattner, Sonn- und Feiertagsrecht, S. 132, 135

[111] s. dazu ausführlich oben A., I., 4., e)

Abs. 2 GewO festgehalten[112] oder eine Mitteilungspflicht über Grund, Art und Umfang eingeführt werden.[113]

V. Zwischenergebnis

1. Die Bestimmungen zum Sonn- und Feiertagsrecht in den §§ 105 b ff. GewO bedürfen sowohl einer terminologischen als auch einer inhaltlichen Korrektur.

2. Die im Entwurf des Arbeitszeitgesetzes aufgenommenen Änderungen erweitern zwar den Geltungsbereich und modifizieren inhaltliche Bestimmungen, sie werden aber den Anforderungen der Zeit insbesondere wegen einer fehlenden Klärung der Zulässigkeit von Sonn- und Feiertagsarbeit aus wirtschaftlichen Gründen nicht gerecht.

3. Die Regelungszuständigkeit auf Betriebsebene durch Betriebsvereinbarung ohne Übertragung durch die Tarifvertragsparteien ist abzulehnen.

4. Der Verzicht auf jedwede Kontroll- oder Beweissicherung muß zumindest einschränkbar sein.

---

[112] so Richardi, Grenzen industrieller Sonntagsarbeit, S. 31 ff.

[113] so Mattner, Sonn- und Feiertagsrecht, S. 123 f., der eine Parallele zu § 14 GewO zieht

C. Frauenarbeitsschutz

Diese Ausarbeitung beschäftigt sich nicht mit den zahlreichen Spezialbestimmungen[1] und Verordnungen,[2] die Schutzvorschriften für weibliche Arbeitnehmer aufgrund spezifischer Tätigkeiten aufstellen. Es geht vielmehr um die Erfassung der Sonderbestimmungen des Arbeitszeitrechts, die dem Grunde nach auf alle Frauen anwendbar sind. Auch hier erfolgt die Betrachtung der geltenden öffentlich-rechtlichen Arbeitszeitschutzbestimmungen[3] insbesondere im Hinblick auf die Veränderungen, die der Entwurf des Arbeitszeitgesetzes erwarten läßt.[4]

I. Frauenarbeitsschutz nach der AZO

1. Beschäftigungsverbote

Der allgemeine Arbeitszeitschutz ist für weibliche Arbeitnehmer in einigen Bereichen verstärkt. Wegen der physiologischen Eigenheiten der Frau sind Verbote für die Beschäftigung mit bestimmten Arbeiten unumgänglich.[5] Diese Verbote sind unabdingbar[6] und gelten generell unabhängig von den tatsächlichen Voraussetzungen im Einzelfall.[7] Ein Verstoß gegen den Gleichheitssatz gem. Art. 3 Abs. 1 GG oder den Grundsatz der Gleichberechtigung

---

[1] so z.B. § 8 MuSchG, §§ 8 ff., 14 JArbSchG

[2] insb. aufgrund von § 16 Abs. 3 AZO, wie z.B. die Verordnung über die Beschäftigung von Frauen auf Fahrzeugen; Gefahrstoffverordnung; Druckluftverordnung

[3] insb. die AZO; von untergeordneter Bedeutung sind Freizeitanordnung und Gesetz über den Hausarbeitstag

[4] zum Frauenarbeitsschutz vgl. §§ 10 - 12 EArbZG, BT-Drucks. 11/360 S. 7 f.

[5] Schaub, Arbeitsrechts-Handbuch § 166 II; Denecke/Neumann, AZO § 16 Rn 1

[6] vgl. zu den Ausnahmen: Meisel/Hiersemann, AZO § 16 Rn 17 ff.

[7] Meisel/Hiersemann, AZO § 16 Rn 1 f.; Denecke/Neumann, AZO § 16 Rn 1; Zmarzlik, AZO § 16 Rn 1

von Männern und Frauen liegt nicht vor.[8] Der Geschlechtsunterschied gibt gerade wegen der Schwere[9] der in § 16 Abs. 1 und 2 AZO genannten Arbeiten einen beachtlichen Grund für Differenzierungen ab,[10] da die objektiven biologischen Unterschiede gerade bei harter körperlicher Arbeit besonders stark zum Ausdruck kommen.[11] Dabei darf das Beschäftigungsverbot nur so weit gehen, wie der sachliche Differenzierungsgrund auch tatsächlich gegeben ist.[12] Büroarbeiten in der kaufmännischen oder technischen Verwaltung von Betrieben nach § 16 Abs. 1 AZO werden von dem Verbot ebensowenig erfaßt wie dort ausgeführte Reinigungsarbeiten.[13]

2. *Der besondere Arbeitszeitschutz*

Neben die Beschäftigungsverbote für bestimmte Tätigkeiten treten weitere Bestimmungen, die bei der Arbeitszeit von weiblichen Arbeitnehmern zu beachten sind.[14] Insbesondere bei Vor- und Abschlußarbeiten,[15] an Tagen vor Sonn- und Feiertagen,[16] bei den Vorschriften über Höchstarbeits-[17] und Ruhezeiten[18] und den Ruhepausen[19] sind Sonderregelungen getroffen worden. In den letzten Jahren ist nicht zuletzt durch den Entwurf des Arbeitszeitgesetzes eine sehr kontroverse Diskussion über die Notwendigkeit dieser

---

[8] Beschluß des BVerfG v. 13.11.1979 - 1 BvR 631/78 in DB 1980, 404 ff. = BVerfGE 52, 369 ff.

[9] Schaub, Arbeitsrechts-Handbuch § 166 II 1

[10] Denecke/Neumann, AZO § 16 Rn 1

[11] vgl. dazu die Hinweise zur ständigen Rechtsprechung des BVerfG in DB 1980, 404 ff.

[12] vgl. Nr. 20 AVAZO und die Beschränkung auf die eigentlichen Betriebsarbeiten; zur Auslegung dieses Begriffes vgl. Anzinger, Zur Neuregelung des Frauenarbeitsschutzes im Entwurf eines Arbeitszeitgesetzes, DB 1985, 2352 ff. (dort Fußn. 13)

[13] Meisel/Hiersemann, AZO § 16 Rn 8 f.; Denecke/Neumann, AZO § 16 Rn. 4 f.

[14] Schaub, Arbeitsrechts-Handbuch § 166 IV

[15] vgl. dazu §§ 17 Abs. 1, 5 Abs. 1 AZO

[16] vgl. dazu § 17 Abs. 2 S. 2 AZO sowie den Frühschluß gem. §§ 19 Abs. 1 AZO (der allerdings nur für Arbeiterinnen gilt) und die Ausnahmen in § 17 Abs. 3 AZO

[17] insb. § 17 Abs. 2 S. 1 AZO

[18] § 19 AZO, dort insb. die Bestimmungen über die Nachtruhe für Arbeiterinnen

[19] s. § 18 AZO

Bestimmungen geführt worden,[20] worauf bei den geplanten Änderungen im Arbeitszeitgesetz einzugehen ist.

II. Frauenarbeitsschutz im geplanten Arbeitszeitgesetz

1. Beschäftigungsverbote

Im Entwurf des Arbeitszeitgesetzes wird am Beschäftigungsverbot für Arbeiten im Bergbau unter Tage,[21] in Kokereien mit Arbeiten im Ofenbereich[22] und in Hochofen- und Stahlwerken sowie in Metallhütten mit Schmelzen, Gießen und anderen körperlich ähnlich belastenden Arbeiten[23] festgehalten. Wegen der harten körperlichen Arbeiten wie Heben und Tragen von schweren Lasten, Haltearbeiten und Arbeiten in Zwangshaltung sowie den Einflüssen von Stößen und Vibrationen sind die Frauen aus physiologischen Gründen besonders schutzbedürftig.[24] Da der weibliche Organismus geschlechtsspezifisch gefährdet wäre, ist unbedingt an diesen Beschäftigungsverboten festzuhalten.[25] Die Beschäftigung von Arbeitnehmerinnen im Bauhauptgewerbe soll gesetzlich aufgenommen werden,[26] ohne daß die Frauen gegen ihren Willen dort beschäftigt werden können.[27] Weiterhin wird eine Tätigkeit

---

[20] Unterhinninghofen, Für ein soziales Arbeitszeitrecht, AiB 1988, 27 ff. (29); Christ, Nachtarbeit für Arbeiterinnen? AiB 1988, 6 f.; Herschel, Bemerkungen zum Entwurf eines Arbeitszeitgesetzes, BB 1986, 384 f.; Anzinger, Zur Neuregelung des Frauenarbeitsschutzes im Entwurf eines Arbeitszeitgesetzes, DB 1985, 2352 ff. (2353 f.); Kehrmann/Schoden, Ein neues Arbeitszeitgesetz der Bundesregierung, AiB 1984, 148 ff.

[21] damit entspricht § 11 Abs. 1 Nr. 1 EArbZG auch IAO-Übereinkommen Nr. 45 vom 21. Juni 1935, RGBl. II 1954 S. 624

[22] § 11 Abs. 1 Nr. 2 EArbZG

[23] § 11 Abs. 1 Nr. 3 EArbZG

[24] Anzinger, Zur Neuregelung des Frauenarbeitsschutzes im Entwurf eines Arbeitszeitgesetzes, DB 1985, 2352 ff.

[25] BT-Drucks. 11/360 S. 22; im Ergebnis unbestritten

[26] § 11 Abs. 2 S. 1 EArbZG

[27] § 11 Abs. 2 S. 2 EArbZG stellt insoweit auch klar, daß ohne Zustimmung der Betroffenen die Zumutbarkeit der Beschäftigung nach § 103 Abs. 1 AFG nicht gegeben ist

im Bauhauptgewerbe nur zugelassen, wenn die Arbeitnehmerin eine aktuelle[28] arbeitsmedizinische Unbedenklichkeitsbescheinigung vorlegt.[29]

2. *Beschäftigungsbeschränkungen*

Einzelne Bestimmungen der AZO werden im Entwurf des Arbeitszeitgesetzes nicht mehr aufgenommen. Die vom Deutschen Bundestag eingesetzte Enquete-Kommission Frauen und Gesellschaft kommt in ihrem Bericht zu dem Ergebnis,[30] daß die Frauenarbeitsschutzgesetze in einer Reihe von Verboten und Geboten nicht mehr den Gegebenheiten der modernen Arbeitswelt und dem Selbstverständnis der berufstätigen Frau entsprechen. Dies habe zur Folge, daß Frauen der Zugang zu bestimmten Berufen oder Tätigkeiten versperrt oder zumindest erschwert werde.[31] Eine Differenzierung zwischen Männern und Frauen soll nur noch dort zum Tragen kommen, wo geschlechtsspezifische Gründe eine Sonderregelung verlangen.[32]

a) Beschäftigungsbeschränkungen auf Fahrzeugen

Nach Zulassung der Beschäftigung von Frauen als Fahrerinnen von Lastkraftwagen oder Omnibusen konnten bislang keinerlei geschlechtsspezifische Schädigungen der Frauen festgestellt werden.[33] Dort wird bereits eine medizinische Untersuchung vor Beschäftigungsbeginn praktiziert, die im Rhythmus von 18 Monaten zu wiederholen ist. Gemessen an den strengen Voraussetzungen, die wegen Art. 12, 2 Abs. 1 GG und Art. 3 Abs. 1 und Abs. 2 GG zu verlangen sind, ist bei gegebener körperlicher Eignung und entsprechender ärztlicher Bescheinigung ein Beschäftigungsverbot für Frauen

---

[28] innerhalb der letzten 6 Monate vor Beschäftigungsbeginn; fehlerhaft insoweit Anzinger, Zur Neuregelung des Frauenarbeitsschutzes im Entwurf eines Arbeitszeitgesetzes, DB 1985, 2352 ff., der eine arbeitsmedizinische Untersuchung 6 Monate vor Beginn der ersten Beschäftigung verlangt

[29] zum Wortlaut von § 11 Abs. 2 S. 3 - 5 EArbZG vgl. BT-Drucks. 11/360 S. 32, 39

[30] BT-Drucks. 8/4461 S. 12 f.

[31] so ausdrücklich bei Anzinger, Zur Neuregelung des Frauenarbeitsschutzes im Entwurf eines Arbeitszeitgesetzes, DB 1985, 2352 ff. (m.w.N. Fußn. 1 - 3)

[32] vgl. dazu Zmarzlik, Zum Entwurf eines Arbeitszeitgesetzes, NZA 1987, Beil. 3, 15 ff. (23)

[33] s. Anzinger, Zur Neuregelung des Frauenarbeitsschutzes im Entwurf eines Arbeitszeitgesetzes, DB 1985, 2352 ff. (2353)

in diesen Bereichen nicht nur unverhältnismäßig, sondern verfassungswidrig. Die Verordnung soll daher auch mit Inkrafttreten des Arbeitszeitgesetzes aufgehoben werden.[34]

b) Hausarbeitstage und Freizeitanordnung

Nach dem Entwurf des Arbeitszeitgesetzes sollen die Freizeitanordnung und die Hausarbeitstagsgesetze[35] außer Kraft treten. Damit wird der Entscheidung des Bundesverfassungsgerichts[36] Rechnung getragen. Das Bundesverfassungsgericht hat einen Verstoß gegen Art. 3 Abs. 2 GG festgestellt, soweit nur den weiblichen Arbeitnehmern mit eigenem Hausstand ein Hausarbeitstag gewährt wird. Der Gesetzgeber will diesem Verfassungsverstoß nicht durch Ausdehnung der Hausarbeitstage auch auf Männer begegnen, sondern durch die generelle Aufhebung der Hausarbeitstage.[37] Begründet wird diese Entscheidung damit, daß die Voraussetzungen für die Einführung dieser Freistellungen inzwischen weggefallen seien. Die regelmäßige Arbeitszeit liege nicht mehr bei 48 Stunden in der Woche. Außerdem sei die Hausarbeit durch moderne technische Haushaltsgeräte erheblich erleichtert.[38]

c) Höchstarbeitszeiten und Ruhepausen

Im Entwurf des Arbeitszeitgesetzes begnügt sich der Gesetzgeber mit einer für Frauen und Männer einheitlichen allgemeinen Regelung von Höchstarbeitszeiten und Ruhepausen. Im Hinblick auf die objektiven biologischen und funktionalen Unterschiede von Männern und Frauen nach der Natur des jeweiligen Lebensverhältnisses ist eine besondere rechtliche

---

[34] so ausdrücklich in § 25 Abs. 1 Nr. 20 EArbZG

[35] vgl. die Aufstellung in § 25 Abs. 2 Nr. 1 - 7 EArbZG; Schaub, Arbeitsrechts-Handbuch § 165 IV 1

[36] Beschl. des BVerfG v. 13.11.1979 - 1 BvR 631/78 in DB 1980, 404 ff. = BVerfGE 52, 369 ff.

[37] die von der Verfassung geforderte Gleichheit ist durch beide Möglichkeiten denkbar, vgl. dazu BVerfG in DB 1980, 404 ff. (405); Schaub, Arbeitsrechts-Handbuch § 165 V 5

[38] so in der Stellungnahme der Bundesregierung in BT-Drucks. 11/360 S. 26 f.; zustimmend Herschel, Bemerkungen zum Entwurf eines Arbeitszeitgesetzes, BB 1986, 384 f. (385)

Regelung erlaubt oder sogar notwendig.[39] Ändern sich die Lebensverhältnisse - und darauf stellt der Gesetzgeber maßgeblich ab -[40] so kann sich auch eine unterschiedliche Behandlung der Geschlechter verbieten.[41] Bei einer durchschnittlichen wöchentlichen Arbeitszeit zwischen 35 und 40 Stunden und einer teilweise praktizierten Vier-Tage-Woche[42] liegen geschlechtsspezifische Gründe für unterschiedliche Höchstarbeitszeiten und Mindestpausen nicht auf der Hand. Soweit wegen der Tätigkeit keine Anstrengungen erfolgen müssen und der funktionale Unterschied Differenzierungen nicht gebietet, ist unabhängig vom Geschlecht sogar die gleiche Behandlung geboten.[43]

Die Regelungen über Ruhepausen sollen sich zumindest für Frauen nicht verändern.[44] Einseitige geschlechtsbezogene Einschränkungen bei der Höchstarbeitszeit halten dem strengen Maßstab nach Art. 3 Abs. 2 GG ebenfalls nicht stand.[45]

d) Nachtarbeitsverbot

Bislang besteht in der AZO ein Nachtarbeitsverbot für Arbeiterinnen.[46] Im Entwurf des Arbeitszeitgesetzes wird daran dem Grunde nach festgehalten.[47] Das Nachtarbeitsverbot greift grundsätzlich von 22.oo bis 6.oo Uhr. In dieser Zeit müssen sieben aufeinanderfolgende Stunden beschäftigungsfrei

---

[39] so ausdrücklich im Beschluß des BVerfG v. 25.05.1956 - 1 BvR 53/54 in AP Nr. 1 zu Art. 103 GG

[40] vgl. die Begründung in BT-Drucks. 11/360 S. 26 f.

[41] Anzinger, Zur Neuregelung des Frauenarbeitsschutzes im Entwurf eines Arbeitszeitgesetzes, DB 1985, 2352 ff. (2353)

[42] so z.B. das BMW-Arbeitszeitmodell in Neutraubling bei Regensburg mit je 9 Stunden an vier Tagen in der Woche = 36 Wochenarbeitsstunden

[43] so ausdrücklich das BAG in seinem Urteil vom 06.04.1982 - 3 AZR 134/79 in DB 1982, 1466 ff. (1468)

[44] insoweit ist die weitere Regelung für Männer in § 12 Abs. 2 AZO der Regelung für Frauen angeglichen worden

[45] BAG in DB 1982, 1466 ff. (1468); BVerfG in DB 1980, 404 ff. (405); Anzinger, Zur Neuregelung des Frauenarbeitsschutzes im Entwurf eines Arbeitszeitgesetzes, DB 1985, 2352 ff. (2353)

[46] § 19 Abs. 1,1. Hs. AZO von 20.oo bis 6.oo Uhr mit beschränkter Ausnahme für mehrschichtige Betriebe nach § 19 Abs. 2 AZO

[47] s. dazu § 10 Abs. 1 - 3 EArbZG

sein, so daß ein Teil der Ruhezeit[48] anders als bei den Männern von der Lage her fixiert ist.

Das Nachtarbeitsverbot wird jedoch sehr kontrovers diskutiert.[49] Die Koalitionsfraktionen sind übereingekommen, das bisherige Nachtarbeitsverbot für Arbeiterinnen aufzuheben.[50] Dabei sind mehrere Ansatzpunkte für die Kritik an § 19 Abs. 1 AZO und § 10 EArbZG gegeben. Ist das Nachtarbeitsverbot nur auf Arbeiterinnen anzuwenden?[51] Wird es für weibliche Angestellte deshalb nicht aufgenommen, weil es praktisch keine Rolle spielt?[52] Wird berechtigterweise zwischen Arbeiterinnen und weiblichen Angestellten unterschieden?[53]

aa) Differenzierung zwischen Arbeiterinnen und weiblichen Angestellten

Der Grund für eine Differenzierung könnte wegen der Qualifikation als typische oder prägende[54] Arbeiter- oder Angestelltentätigkeit gegeben sein. Diese Zuordnung kann dem Gesetzgeber ursprünglich jedoch nicht zugrundegelegen haben,[55] da der Angestelltenbegriff erst mit der Schaffung

---

[48] dazu grundsätzlich § 3 EArbZG, der eine ununterbrochene Ruhezeit von 12 Stunden anordnet

[49] s. dazu Jaeger, Probleme der Gleichbehandlung im Sozialrecht - zur Situation nach EG-Recht und bundesdeutschem Recht, NZA 1990, 1 ff. (3 f.)

[50] dazu Zmarzlik, Zum Entwurf eines Arbeitszeitgesetzes, NZA 1987, Beil. 3, 15 ff. (23); Schwedes, Gesetzliche Arbeitszeitregelung als Rahmen für die flexible Arbeitszeit, S. 97 ff. (112) in: Hromadka, Arbeitszeitrecht im Umbruch

[51] eine Ausweitung auf alle weiblichen Arbeitnehmerinnen im Entwurf der SPD zum Arbeitszeitgesetz, BT-Drucks. 11/1617; weitergehend das generelle Verbot für alle Arbeitnehmer mit Ausnahmen im Entwurf der Grünen zum Arbeitszeitgesetz, BT-Drucks. 11/1188; s. auch Gegenüberstellung bei Unterhinninghofen, Für ein soziales Arbeitszeitrecht, AiB 1988, 27 ff. (28)

[52] zur geringen Bedeutung für weibliche Angestellte vgl. Denecke/Neumann, AZO § 1 Rn 6; ebenfalls sehr oberflächlich Baumeister, Arbeiter und Angestellte - ihre Gleichbehandlung, Annäherung und Unterschiede im geltenden Recht, S. 54

[53] vgl. dazu Loddenkemper, Unzulässige Differenzierung zwischen Arbeiterinnen und weiblichen Angestellten, ZRP 1983, 299 ff., der die Vorschrift wegen Verletzung von Art. 3 Abs. 1 GG für verfassungswidrig hält; Lipke, Die Aufgliederung der Arbeitnehmerschaft in Arbeiter und Angestellte, DB 1983, 111 ff.

[54] dazu Schaub, Arbeitsrechts-Handbuch § 13 II

[55] ebenso Loddenkemper, Unzulässige Differenzierung zwischen Arbeiterinnen und weiblichen Angestellten, ZRP 1983, 299 ff. (300); Ursprung in der Arbeitsschutznovelle zur Gewerbeordnung v. 1891

des Versicherungsgesetzes für Angestellte vom 20.12.1911 aufgenommen wurde.[56] Weder die Unterscheidung bei manueller oder geistiger Tätigkeit[57] noch die beschränkte Zahl betroffener weiblicher Angestellter kann diese Differenzierung rechtfertigen.[58] Auch die Rechtsprechung setzt deutlich Akzente.[59] Die Ungleichbehandlung von Arbeitern und Angestellten hält einer Prüfung am Grundsatz des Art. 3 Abs. 1 GG in der Regel nicht stand.[60] Vor dem Hintergrund von Rechtsprechung und Literatur[61] ist eine Differenzierung bei der Nachtarbeit nach Arbeiterinnen und weiblichen Angestellten nicht nur unsachlich, sondern muß aus verfassungsrechtlichen

---

[56] s. RGBl. 1911 S. 989

[57] zur Zweifelhaftigkeit der Unterscheidung zwischen Arbeitern und Angestellten vgl. Schaub, Arbeitsrechts-Handbuch § 13 II; Brox, Arbeitsrecht Rn. 21; Lieb, Arbeitsrecht § 3 I 4.a); Hanau/Adomeit, Arbeitsrecht E 7 (insb. 7 c); Zöllner, Arbeitsrecht § 5 II

[58] Loddenkemper, Unzulässige Differenzierung zwischen Arbeiterinnen und weiblichen Angestellten, ZRP 1983, 299 ff.(300); die grundsätzliche Aufgabe dieser Differenzierung fordert Lipke, Die Aufgliederung der Arbeitnehmerschaft in Arbeiter und Angestellte, DB 1983, 111 ff. (117)

[59] hierbei geht es nicht um die Differenzierung von Männern und Frauen im Rahmen des § 19 Abs. 1 AZO, sondern um die Differenzierung zwischen den weiblichen Arbeitnehmerinnen; vgl. auch den Vorlagebeschluß des 5. Senats vom 05.08.1987 - 5 AZR 189/86 zur Entscheidung des BVerfG über die Vereinbarkeit von § 1 Abs. 3 Nr. 2 LohnFG mit Art. 3 Abs. 1 GG

[60] so bereits das BVerfG in seiner Entscheidung vom 16.11.1982 zur Verfassungswidrigkeit des § 622 Abs. 2 S. 2, 2. Hs. BGB in DB 1983, 450 ff.; ebenso die neue Entscheidung des BVerfG zur Verfassungswidrigkeit von § 622 Abs. 2 BGB durch Beschluß vom 30.05.1990 - 1 BvL 2/83, NJW 1990, 2246 ff.; zu dieser Entscheidung vgl. Bengelsdorf, Die tariflichen Kündigungsfristen für Arbeiter nach der Entscheidung des Bundesverfassungsgerichtes vom 30.5.1990, NZA 1991, 121 ff.; Buchner, Die Kündigungsfristen für Arbeiter nach der Entscheidung des BVerfG v. 30.5.1990, NZA 1991, 41 ff.; Kern, Die Entscheidung des BVerfG zu § 622 Abs. 2 BGB, NZA 1991, 56 ff.; Koch, Der Beschluß des BVerfG vom 30.5.1990, NZA 1991, 50 ff.

[61] vgl. die Ausführungen bei Fürnthaler, Zur juristischen Neuabgrenzung der Begriffe Arbeiter und Angestellte, S. 119 ff., der für eine generelle Beseitigung der juristischen Abgrenzung plädiert; so auch die Forderung von Loddenkemper, Unzulässige Differenzierung zwischen Arbeiterinnen und weiblichen Angestellten, ZRP 1983, 299 ff. (300), der geltend macht, wegen der gesundheitsschädigenden und desozialisierenden Auswirkungen der Nachtarbeit müsse am Schutz der Arbeitnehmerinnen festgehalten werden; im Ergebnis anders Brieler, Die Nachtarbeitsverbote des geltenden deutschen Rechts im Lichte des Sozialstaats, S. 240 f., der wegen der Verschiedenheit der tatsächlichen Arbeitsbedingungen eine Gleichbehandlung nicht zwingend für geboten hält; s. auch Herschel, Bemerkungen zum Entwurf eines Arbeitszeitgesetzes, DB 1986, 384 f. (385); Christ, Nachtarbeit für Arbeiterinnen? AiB 1988, 6 ff. (7)

Gründen unterbleiben. Damit ist noch nicht gesagt, wie der Gesetzgeber diese verfassungsrechtlichen Bedenken ausräumen soll.[62]

bb) Differenzierung zwischen den Geschlechtern

Nach der Forderung der arbeitszeitrechtlichen Gleichbehandlung von Arbeiterinnen unabhängig von der Qualifizierung ihrer Tätigkeit stellt sich die Frage, ob damit die Nachtarbeit insgesamt für alle Arbeitnehmer grundsätzlich verboten[63] oder insgesamt zugelassen werden soll.

(1) Generelles Nachtarbeitsverbot für alle Arbeitnehmer

Das generelle Nachtarbeitsverbot und die Zulassung einzelner Ausnahmen entspricht dem Bestreben der Grünen in ihrem Entwurf zum Arbeitszeitgesetz.[64] Ebenso bedauert Brieler,[65] daß der Gesetzgeber kein generelles Verbot jeglicher Arbeit zur Nachtzeit ausspreche. Dieses sei vornehmlich aus medizinischen und soziologischen Gründen grundsätzlich wünschenswert.[66] Wenn auch die Nachtarbeit unbestritten wegen Störung der menschlichen Tag- und Nachtrhythmik, erhöhter Fehlleistungen und Unfallhäufigkeit, gegebenen Leistungstiefs und der Störung des familiären und sozialkulturellen Lebens gesundheitsschädigende und desozialisierende Auswirkungen haben kann,[67] so wird von niemandem ernsthaft das generelle

---

[62] vgl. insb. DB 1980, 404 ff. (405), wo das BVerfG im Grundsatz darauf hinweist, daß sowohl eine Ausweitung auf die nicht Einbezogenen als auch eine Einschränkung der durch die Regelung Betroffenen die von der Verfassung geforderte Gleichheit herzustellen vermag

[63] und nur für bestimmte Ausnahmen zuzulassen ist

[64] s. BT-Drucks. 11/1188, §§ 17, 18 EArbZG der Grünen

[65] Brieler, Die Nachtarbeitsverbote des geltenden deutschen Rechts im Lichte des Sozialstaats, S. 245 ff., der den Nachtarbeitsschutz von Frauen zu den Grundwerten unserer Rechts- und Kulturordnung zählt

[66] Brieler, a.a.O., S. 245

[67] Feller, Betriebs- und sozialpolitische Probleme der Gleichbehandlung der Frau im Arbeitsrecht unter besonderer Berücksichtigung der Entlohnungsfrage, S. 41 f.; Anzinger, Zur Neuregelung des Frauenarbeitsschutzes im Entwurf eines Arbeitszeitgesetzes, DB 1985, 2352 ff. (2354); Loddenkemper, Unzulässige Differenzierung zwischen Arbeiterinnen und weiblichen Angestellten, ZRP 1983, 299 ff. (300); Brieler, a.a.O., S. 47 - 60 (m.w.N.); Unterhinninghofen, Für ein soziales Arbeitsrecht, AiB 1988, 27 ff. (29), der Nachtarbeit als gesundheitlichen und sozialen Risikofaktor sieht

Nachtarbeitsverbot sowohl für Männer als auch für Frauen ohne Ausnahmen verlangt.[68]

(2) Aufhebung des Nachtarbeitsverbotes für Arbeiterinnen

Die Bundesregierung hat zwar im Entwurf des Arbeitszeitgesetzes noch das Nachtarbeitsverbot für Arbeiterinnen aufgenommen,[69] doch sind die Koalitionsfraktionen übereingekommen, diese Regelung aufzuheben. Dabei soll der Gesundheitsschutz bei ständiger Nachtarbeit durch arbeitsmedizinische Betreuung sichergestellt werden.[70] Bevor eine voreilige emotionale Blockade aufgebaut wird, muß unter Besinnung auf die Grundproblematik und nach einer rechtlichen Lösung gesucht werden.

(a) Gleichberechtigungsgrundsatz gem. Art. 3 Abs. 2 GG[71]

Ausgangspunkt der Problematik ist der Gleichberechtigungsgrundsatz des Art. 3 Abs. 2 GG als Konkretisierung des Gleichheitssatzes in Art. 3 Abs. 1 GG.[72] Es ist in der Literatur unbestritten[73] und durch die höchstrichterliche

---

[68] Christ, Nachtarbeit für Arbeiterinnen? AiB 1988, 6 ff. (7); auch nach dem Vorschlag der Grünen (BT-Drucks. 11/1188) können die Tarifvertragsparteien Sonderregelungen treffen; Brieler, Die Nachtarbeitsverbote des geltenden deutschen Rechts im Lichte des Sozialstaats, S. 59 f., der herausstellt, daß die Lebens- und Wirtschaftsverhältnisse Nachtarbeitsregelungen grundsätzlich nur partiell und nicht generell zuließen; ders., a.a.O., S. 251 - 254, der die Protektion von besonders schutzwürdigen Personen - wozu seiner Meinung nach auch die Frauen gehören - im Vergleich zu den erwachsenen männlichen Arbeitnehmern fordert

[69] vgl. § 10 Abs. 1 EArbZG

[70] Schwedes, Gesetzliche Arbeitszeitregelung als Rahmen für die flexible Arbeitszeit, S. 97 ff. (112) in: Hromadka, Arbeitszeitrecht im Umbruch

[71] vgl. neben Art. 3 Abs. 2 GG auch Art. 4 Nr. 3 Europäische Sozial-Charta; Art. 119 EWG-Vertrag; Art. 2 Internationaler Pakt über wirtschaftliche, soziale und kulturelle Rechte und die Richtlinien vom Rat der EG Nr. 75/117 EWG zur Angleichung des Grundsatzes des gleichen Entgelts für Männer und Frauen; Nr. 76/187 EWG zur Verwirklichung des Grundsatzes der Gleichbehandlung von Männern und Frauen hinsichtlich des Zugangs zur Beschäftigung, zur Berufsbildung und zum beruflichen Aufstieg sowie in Bezug auf die Arbeitsbedingungen; Nr. 79/7 EWG zur schrittweisen Verwirklichung des Grundsatzes der Gleichbehandlung von Männern und Frauen im Bereich der sozialen Sicherheit; 386/86 zur Gleichbehandlung von Männern und Frauen in der betrieblichen Altersversorgung; dazu insgesamt m.w.N.: Schaub, Arbeitsrechts-Handbuch § 3 II, § 164, § 165 I 1

[72] so auch das BVerfG in DB 1980, 404 ff. ; Schmidt-Bleibtreu/Klein, GG Art. 3 Rn 37; Badura, Staatsrecht C 46; Gubelt in v. Münch, GG Art. 3 Rn 72

[73] Badura, Staatsrecht C 46; Schmidt-Bleibtreu/Klein, GG Art. 3 Rn 36

Rechtsprechung[74] abgesegnet, daß allein der Geschlechtsunterschied grundsätzlich keinen beachtlichen Grund für Differenzierungen darstellt.[75] Das schließt allerdings Regelungen nicht aus, die im Hinblick auf die objektiven biologischen und funktionalen Unterschiede nach der Natur des jeweiligen Lebensverhältnisses zwischen Männern und Frauen differenzieren.[76] Ausgangspunkt ist jedoch nicht, ob sich sachliche Gründe für Differenzierungen finden lassen, sondern daß die Unterschiede der Geschlechter grundsätzlich unbeachtlich sind, solange sie nicht unterschiedliche Regelungen geradezu gebieten.[77] Der Gleichberechtigungsgrundsatz muß als die über den allgemeinen Gleichheitssatz hinausgehende Antwort des Grundgesetzes auf die konkrete Forderung der Frau nach einem Verbot jeglicher mit dem Geschlechtsunterschied begründeter Differenzierung verstanden werden. Gleichberechtigung ist danach nicht die Forderung nach sachgerechter Behandlung von Mann und Frau, sondern bereits die Schlußfolgerung aus der Vermutung, daß eine unterschiedliche Behandlung der Geschlechter nicht sachgerecht ist.[78] Daher muß der Gesetzgeber zwischen Männern und Frauen differenzieren, wenn unvergleichbare Lebenssachverhalte wie die biologisch-geschlechtlichen Vorgänge und die daraus resultierenden bzw. gesteuerten physischen und psychischen Eigenschaften der Geschlechter betroffen sind.[79] Daraus folgt nicht, daß alle Unterschied-

---

[74] sowohl vom BVerfG (z.B. DB 1980, 404 ff.) als auch vom BAG (z.B. DB 1982, 1466 ff.)

[75] ebenso Dürig in Maunz/Dürig, GG Art. 3 II Rn 5, 13; Schmidt-Bleibtreu/Klein, GG Art. 3 Rn 37

[76] so ausdrücklich für § 19 AZO bereits das BVerfG im Beschl. v. 25.05.1956 - 1 BvR 53/54 in AP Nr. 1 zu Art. 103 GG

[77] so das BAG in DB 1982, 1466 ff. (1468); Schmidt-Bleibtreu/Klein, GG Art. 3 Rn 37, wo darauf abgestellt wird, daß die Nichtbeachtung des Geschlechtsunterschiedes Willkür bedeuten müsse

[78] Dürig in Maunz/Dürig, GG Art. 3 II Rn 5

[79] Gubelt in v.Münch, GG Art. 3 Rn 75, der Differenzierungen nur als zulässig ansieht, wenn sie zwingend erforderlich sind, wobei funktionale Unterschiede grundsätzlich auf biologischen Unterschieden beruhen müssen, da die Funktionalität das Einfallstor für ungerechtfertigte Benachteiligungen der Frauen bedeute; Dürig in Maunz/Dürig, GG Art. 3 II Rn 13, der beispielhaft Menstruation, Defloration, Schwangerschaft, Geburt, Stillzeit und Klimakterium aufführt; ebenso Schmidt-Bleibtreu/Klein, GG Art. 3 Rn 37, die darauf abstellen, eine unterschiedliche Behandlung von Männern und Frauen sei nur erlaubt, wenn der sich aus dem Geschlecht ergebende biologische oder funktionale Unterschied das zu regelnde Lebensverhältnis so entscheidend präge, daß gemeinsame Elemente überhaupt nicht zu erkennen seien oder zumindest vollkommen zurücktreten müßten

lichkeiten bei potentiellen Sachverhalten auch unbedingt zu einer unterschiedlichen rechtlichen Behandlung führen müssen.[80]

Eine Verletzung des Gleichheitssatzes in Form des Gleichberechtigungsgrundsatzes kann bei einer einheitlichen Regelung von Nachtarbeit für weibliche und männliche Arbeitnehmer nur dann gegeben sein, wenn dies als willkürlich bezeichnet werden muß und die Unsachlichkeit evident ist.[81] Die Nachtarbeit stellt an beide Geschlechter, an Frauen und Männer, erhöhte Anforderungen.[82] Soweit besondere Tätigkeiten Frauen allgemein körperlich überfordern,[83] sind hierfür Beschränkungen in Form von Beschäftigungsverboten und -beschränkungen aufgenommen.[84] Sofern jedoch nicht die schwächere Konstitution der Frau als biologisch bedeutsamer Unterschied oder die funktionale Prägung eine Differenzierung verlangt,[85] besteht für den Gesetzgeber auch keine Pflicht zur Benachteiligung oder Bevorzugung eines Geschlechts.[86] Liegt keine methodisch exakte Arbeit vor, die nachweist, daß Frauen durch Nachtarbeit gesundheitlich mehr oder weniger gefährdet werden als Männer,[87] so kann dem Gleichberechtigungsgrundsatz des Grundgesetzes nur dadurch voll entsprochen werden, daß das Nachtarbeitsverbot für beide Geschlechter gleichermaßen gilt bzw. nicht zur Anwendung kommt.[88]

---

80 so auch Brieler, Die Nachtarbeitsverbote des geltenden deutschen Rechts im Lichte des Sozialstaats, S. 237 f.; Badura, Staatsrecht C 46

81 Brieler, a.a.O., S. 238 (dort m.w.N. der Rechtsprechung in Fußn. 158)

82 Anzinger, Zur Neuregelung des Frauenarbeitsschutzes im Entwurf eines Arbeitszeitgesetzes, DB 1985, 2352 ff. (2354); Herschel, Bemerkungen zum Entwurf eines Arbeitszeitgesetzes, BB 1986, 384 ff.; Unterhinninghofen, Für ein soziales Arbeitsrecht, AiB 1988, 27 ff. (29); Brieler, a.a.O., S. 47 ff.; Kehrmann/Schoden, Ein neues Arbeitszeitgesetz der Bundesregierung, AiB 1984, 148 ff.

83 vgl. § 11 Abs. 1 Nr. 1 - 3, Abs. 2 EArbZG

84 zu den subjektiven und objektiven Bedingungen optimaler Ergiebigkeit weiblicher Arbeit im Betrieb s. Feller, Betriebs- und sozialpolitische Probleme der Gleichbehandlung der Frau im Arbeitsrecht unter besonderer Berücksichtigung der Entlohnungsfrage, S. 26 ff.

85 Dürig in Maunz/Dürig, GG Art. 3 II Rn 13, 43

86 Schmidt-Bleibtreu/Klein, GG Art. 3 Rn 37 f.; Dürig in Maunz/Dürig, GG Art. 3 II Rn 12

87 s. Hinweise auf die Gutachten von Rutenfranz und Hettinger bei Anzinger, Zur Neuregelung des Frauenarbeitsschutzes im Entwurf eines Arbeitszeitgesetzes, DB 1985, 2352 ff. (2354); ebenso Glaubrecht/Wagner/Zander, Arbeitszeit im Wandel, S. 70 f.; aber auch Christ, Nachtarbeit für Arbeiterinnen? AiB 1988, 6 ff. (7), die aus den überwiegend vorsichtigen Äußerungen des Arbeitswissenschaftlers (Rutenfranz) auf eine höhere Belastung für Frauen schließt

Das Nachtarbeitsverbot für Frauen wird oftmals gar nicht mit der stärkeren körperlichen Inanspruchnahme als bei Männern begründet, sondern vielmehr mit der Mehrfachbelastung von Frauen durch ihre Tätigkeiten für die Familie und als Hausfrau.[89] Die Inanspruchnahme für die Familie und für Tätigkeiten im Haushalt ist jedoch nicht geeignet, geschlechtsspezifische Unterschiede zu legitimieren.[90] Derartige Mehrfachbelastungen sind voraussichtlich auch heute noch häufiger bei Frauen als bei Männern anzutreffen,[91] sie sind allerdings unter keinen Umständen als geschlechtsspezifisch zu bezeichnen.[92]

(b) Allgemeine Zulassung der Nachtarbeit und die Vereinbarkeit mit den Grundrechten

Zur Vereinbarkeit des Nachtarbeitsverbotes für Arbeiterinnen[93] mit der Menschenwürde,[94] dem Recht auf freie Entfaltung der Persönlichkeit,[95] der Berufsfreiheit[96] und zum Gleichheitsgrundsatz[97] sind bereits Ausführungen

---

[88] so im Ergebnis das BAG in DB 1982, 1466 ff. (1468), wonach die biologischen und funktionalen Unterschiede der Geschlechter solange unbeachtlich zu bleiben haben, bis unterschiedliche Regelungen geradezu geboten seien; Dürig in Maunz/Dürig, GG Art. 3 II Rn 3, 5, 13; Schmidt-Bleibtreu/Klein, GG Art. 3 Rn 37

[89] s. Denecke/Neumann, AZO § 19 Rn 3; Zmarzlik, AZO § 19 Rn 1; weitergehend Brieler, Die Nachtarbeitsverbote des geltenden deutschen Rechts im Lichte des Sozialstaats, S. 71 ff. (76); Meisel/Hiersemann, AZO § 19 Rn 3

[90] so ausdrücklich das BVerfG in DB 1980, 404 ff. (405) für alleinstehende Männer, deren Benachteiligung bei gleicher außerbetrieblicher Belastung gegen den Gleichberechtigungsgrundsatz verstoße; ebenso Dürig in Maunz/Dürig, GG Art. 3 II Rn 43

[91] so auch das BVerfG in DB 1980, 404 ff. (405), allerdings rechtfertige das keine Ungleichbehandlung (a.a.O.)

[92] diese Differenzierung ist aber nötig, um den sachlichen Grund für die unterschiedliche Behandlung begründen zu können; a.A. Christ, Nachtarbeit für Arbeiterinnen? AiB 1988, 6 ff. (7); Abschaffung des Arbeitszeitschutzes: DGB zum Regierungsentwurf eines Arbeitszeitgesetzes, AiB 1988, 3 ff. (5), die Mehrfachbelastung treffe nicht Männer, sondern wegen der traditionellen Rollenverteilung nur Frauen

[93] vgl. dazu Brieler, Die Nachtarbeitsverbote des geltenden deutschen Rechts im Lichte des Sozialstaats, S. 215 ff.

[94] vgl. Art. 1 Abs. 1 GG; Brieler, a.a.O., S. 219 ff.

[95] vgl. Art. 2 Abs. 1 GG; Brieler, a.a.O., S. 222 ff.

[96] vgl. Art. 12 GG; Brieler, a.a.O., S. 229 ff.

[97] vgl. Art. 3 Abs. 1 und 2 GG; Brieler, a.a.O., S. 234 ff.

vorhanden. Bei der Zulassung der Nachtarbeit und der Vereinbarkeit mit den Grundrechten geht es umgekehrt darum, ob Grundrechte das Nachtarbeitsverbot für Frauen geboten erscheinen lassen. Sollen Frauen auch zur Nachtarbeit herangezogen werden, so liegt darin kein Verstoß gegen die Menschenwürde nach Art. 1 Abs. 1 GG.[98] Was für Männer unter dem Gesichtspunkt der Beeinträchtigung der Menschenwürde unbedeutend ist, stellt sich für die Frau ebensowenig als Grundrechtseingriff dar;[99] insoweit sind die Menschen gleich.[100] Insbesondere kann sich allein die öffentlich-rechtliche Zulassung der Beschäftigung von Frauen nicht als Grundrechtsverstoß darstellen, da hier nur die straffreie Beschäftigung und nicht die Verpflichtung zur Arbeitsleistung geregelt wird.[101] Soweit arbeitsmedizinisch keine gesicherten Erkenntnisse gegeben sind, daß Frauen durch Nachtarbeit gesundheitlich mehr gefährdet werden als Männer,[102] besteht auch keine Veranlassung, die freie Entfaltung der Persönlichkeit einzuschränken.[103] Soweit nicht der spezifische Schutz bestimmter Personengruppen geboten ist,[104] kann nicht davon ausgegangen werden, daß vernünftige Erwägungen des Gemeinwohls[105] im Sinne von Art. 12 Abs. 1 S. 2 GG ein generelles

[98] s. zum Inhalt des Rechtsbegriffs der Menschenwürde auch Scholz, Der allgemeine Arbeitszeitschutz im System des geltenden deutschen Rechts, S. 272; Dürig in Maunz-Dürig, GG Art. 1 Rn 28 ff.

[99] Schmidt-Bleibtreu/Klein, GG Art. 1 Rn 2, 17, wo darauf abgestellt wird, daß dies nicht mit der Pflichtbindung gegenüber einzelnen Personengruppen verwechselt werden darf

[100] s. dazu oben die Ausarbeitung zur Gleichberechtigung in C., II., 2., d), bb), (2), (a); Brieler, Die Nachtarbeitsverbote des geltenden deutschen Rechts im Lichte des Sozialstaats, S. 221, der zwar eine der Würde des Menschen entsprechende Lage der Arbeitnehmerschaft erst durch die Nachtarbeitsverbote realisiert sieht, jedoch dann inkonsequenterweise nur ein partielles Nachtarbeitsverbot verlangt

[101] so allgemein zum EArbZG in BT-Drucks. 11/360 S. 15; Meyer in v. Münch, GG Art. 93 Rn 63

[102] so Nachweise b. Anzinger, Neuregelung des Frauenarbeitsschutzes im Entwurf eines Arbeitszeitgesetzes, DB 1985, 2352 ff. (2354); dagegen Christ, Nachtarbeit für Arbeiterinnen? AiB 1988, 6 ff. (7)

[103] dies gilt sowohl auf Arbeitgeber- als auch auf Arbeitnehmerseite; zur Bedeutung der allgemeinen und Abgrenzung gegenüber den besonderen Grundrechten vgl. Brieler, Die Nachtarbeitsverbote des geltenden deutschen Rechts im Lichte des Sozialstaats, S. 222 ff.; Scholz in Maunz/Dürig, GG Art. 12 Rn 114 (116)

[104] unbestritten z.B. für (werdende) Mütter und Jugendliche

[105] vgl. grundlegend dazu das Apotheken-Urteil des BVerfG, BVerfGE 7, 377 ff. (400 ff.); danach darf die Berufsausübung nur eingeschränkt werden, wenn vernünftige Erwägungen des Gemeinwohls gegeben sind

Nachtarbeitsverbot für Arbeiterinnen verlangen.[106] Der allgemeine Gleichheitssatz gem. Art. 3 Abs. 1 GG und seine besondere Ausprägung in Art. 3 Abs. 2 GG lassen berufsrechtliche Regelungen verfassungsrechtlich nur dann zu, wenn der Gleichberechtigungsgrundsatz beachtet wird.[107]

(c) Bewertung

Der Gesetzgeber will dem allgemeinen Frauenarbeitsschutz im Entwurf des Arbeitszeitgesetzes durch Beschäftigungsbeschränkungen und -verbote nachkommen. Insoweit sind Regelungen unbedingt erforderlich, da im Hinblick auf die objektiven biologischen Unterschiede zwischen Frauen und Männern differenziert werden muß. Hier rechtfertigt sich ein generelles Verbot bzw. Beschränkungen, weil viele Frauen aufgrund ihrer körperlichen Konstitution der schweren Arbeit nicht gewachsen wären. Wo derartige Einschränkungen aufgrund der Tätigkeiten nicht zu machen sind und ein besonderer personenbezogener Schutz (Jugendarbeitsschutz, Mutterschutz) nicht greift, ist vom Grundsatz der Gleichberechtigung von Männern und Frauen auszugehen. Soweit nicht feststeht, daß Frauen im Normalfall bei der Nachtarbeit höheren Belastungen ausgesetzt sind als ihre männlichen Kollegen, sollte dem mit Verfassungsrang ausgestatteten Gleichberechtigungsgrundsatz auch Rechnung getragen werden. Konsequenterweise sollte das Nachtarbeitsverbot für Arbeiterinnen aufgehoben werden.

III. Stellungnahme

1. Unsachgemäße Differenzierung zwischen Arbeiterinnen und weiblichen Angestellten

In § 10 Abs. 1 EArbZG[108] wird für Arbeiterinnen ein generelles Nachtarbeitsverbot aufgenommen. Diese Differenzierung ist nicht nur unzeit-

---

[106] a.A. Brieler, Die Nachtarbeitsverbote des geltenden deutschen Rechts im Lichte des Sozialstaats, S. 230, der ein Nachtarbeitsverbot für dringend geboten hält

[107] Scholz in Maunz/Dürig, GG Art. 12 Rn 145 f.

[108] BT-Drucks. 11/360 S. 7, 21 f., ungeachtet der neueren Bestrebungen, das Nachtarbeitsverbot für Arbeitnehmerinnen entfallen zu lassen

gemäß, sondern läßt sich auch nicht mit der Verfassung vereinbaren.[109] Die allgemein angegebene Begründung für die berechtigte Differenzierung endet dann auch meist mit den Ausführungen zur geringen Zahl möglicherweise nachteilig betroffener weiblicher Angestellter.[110]

2. *Abrücken vom Nachtarbeitsverbot für Arbeiterinnen*[111]

Der Gleichberechtigungsgrundsatz verlangt, Frauen und Männer gleich zu behandeln, wenn nicht unterschiedliche Regelungen geradezu geboten sind.[112] Sind keine geschlechtsspezifischen Gefährdungen bei der Nachtarbeit festzustellen, ist der Gesetzgeber sogar zur Gleichbehandlung von Mann und Frau von Verfassungs wegen verpflichtet; eine Differenzierung hat zu unterbleiben.[113] Insbesondere das Führen des Haushaltes[114] oder die Kinderbetreuung kann nicht als geschlechtsspezifisches Kriterium herangezogen werden. Es gibt nicht nur die Frau mit Mehrfachbelastung.[115] Neben der Tatsache, daß für den Fall des Getrenntlebens oder der Scheidung auch dem Mann das Sorgerecht für eines oder mehrere Kinder zugesprochen werden

---

[109] Gubelt in v.Münch, GG Art. 3 Rn 75; Dürig in Maunz/Dürig, Art. 3 II Rn 13; Schmidt-Bleibtreu/Klein, GG Art. 3 Rn 37; Loddenkemper, Unzulässige Differenzierung zwischen Arbeiterinnen und weiblichen Angestellten, ZRP 1983, 299 ff. (300); Zweifel haben dagegen Brieler, Die Nachtarbeitsverbote des geltenden deutschen Rechts im Lichte des Sozialstaats, S. 240 f.; Herschel, Bemerkungen zum Entwurf eines Arbeitszeitgesetzes, BB 1986, 384 f. (385); Christ, Nachtarbeit für Arbeiterinnen? AiB 1988, 6 ff. (8)

[110] so Denecke/Neumann, AZO § 1 Rn 6; Baumeister, Arbeiter und Angestellte - ihre Gleichbehandlung, Annäherung und Unterschiede im geltenden Recht, S. 54; dagegen zutreffend Loddenkemper, Unzulässige Differenzierung zwischen Arbeiterinnen und weiblichen Angestellten, ZRP 1983, 299 ff. (300)

[111] ausgehend von der gesetzlichen Situation, nach der für weibliche Angestellte kein Nachtarbeitsverbot besteht

[112] BVerfG in DB 1980, 404 ff.; BAG in DB 1982, 1466 ff. (1468); zu den sehr strengen Voraussetzungen, die in der Literatur verlangt werden, s. Dürig in Maunz/Dürig, GG Art. 3 II Rn 13; Gubelt in v.Münch, GG Art. 3 Rn 75; Brieler, Die Nachtarbeitsverbote des geltenden deutschen Rechts im Lichte des Sozialstaats, S. 237 f.; Badura, Staatsrecht C 46

[113] was nicht bedeuten muß, daß schlechthin ein Gleichbehandlungsgebot in allen Beziehungen besteht, so Badura, Staatsrecht C 46

[114] so ausdrücklich BVerfG in DB 1980, 404 ff. (405)

[115] so aber ausdrücklich: Abschaffung des Arbeitszeitschutzes: DGB zum Regierungsentwurf eines Arbeitszeitgesetzes, AiB 1988, 3 ff. (5), wo ausgeführt wird, wegen der traditionellen Rollenverteilung treffe die Mehrfachbelastung nur Frauen

kann[116] und Haushaltsarbeiten nicht vor Männern haltmachen,[117] erscheint eine pauschalierte Bevorzugung oder Benachteiligung[118] der Frau nicht gerechtfertigt.[119]

Bei einem generellen Nachtarbeitsverbot für nur ein Geschlecht sind gleiche Zugangs-[120] und Verdienstmöglichkeiten[121] objektiv nicht gegeben. Eine unterschiedliche Behandlung von Männern und Frauen ist nur dann geboten und erforderlich, wenn geschlechtsspezifische Gründe eine Differenzierung zwingend notwendig machen.[122] Diese sind bei der allgemeinen Nachtarbeit nicht gegeben. Statt an der traditionellen Frauenrolle als Hausfrau und Mutter neben einer Vollzeitbeschäftigung festzuhalten und daraus eine notwendige Differenzierung für Nachtarbeit von Arbeiterinnen gegenüber männlichen Arbeitnehmern abzuleiten, sollte der Gesetzgeber dem Umstand Rechnung tragen, daß sich die Rolle der Frau in der Gesellschaft in den vergangenen Jahrzehnten ebenso stark gewandelt hat wie die Arbeitsbedingungen.[123] Dagegen muß der Frauenarbeitsschutz seine Bedeutung in vollem Umfang beibehalten, wenn es sich um den Bereich der geschlechtsspezifischen Gefährdung handelt. Dort ist der Gesetzgeber sogar zur Differenzierung verpflichtet.[124]

---

[116] vgl. §§ 1672, 1671 BGB zur elterlichen Sorge bei Getrenntleben der Eltern oder nach deren Scheidung

[117] vgl. § 1356 Abs. 1 BGB, wonach die Ehegatten die Haushaltsführung im gegenseitigen Einvernehmen regeln; § 1356 Abs. 2 BGB, wonach beide Ehegatten berechtigt sind, erwerbstätig zu sein (S. 1) und bei Wahl und Ausübung auf die Belange des anderen Ehegatten und die Familie die gebotene Rücksicht zu nehmen haben (S. 2)

[118] Bevorzugung insoweit, als das Nachtarbeitsverbot auch eine Mehrbelastung durch die Arbeit in der Nacht ausschließt; Benachteiligung insoweit, als die Frauen wegen der großteils steuerfreien Nachtzulage nicht die Verdienstmöglichkeiten haben wie ihre männlichen Kollegen

[119] vgl. auch das BErzGG, insb. §§ 1, 15, 18 BErzGG, wonach auch Männer Erziehungsgeld- und Erziehungsurlaubsberechtigte sein können, ebenso wie sie dann auch den besonderen Kündigungsschutz genießen, vgl. dazu KR-Becker, BErzGG § 18 Rn 3, 15; gerade dadurch wird der Tatsache Rechnung getragen, daß die Kindererziehung nicht nur Frauensache ist

[120] Richtlinie Nr. 76/187 EWG

[121] vgl. dazu Richtlinie Nr. 75/117 EWG und das Urteil des EuGH vom 01.07.1986 - Rs 237/85 in DB 1986, 1877 ff.

[122] so ausdrücklich: das BAG in DB 1982, 1466 ff. (1468) und das BVerfG in DB 1980, 404 ff.

[123] genauso deutlich: herausgestellt in den Ausführungen der Bundesregierung in BT-Drucks. 11/360 S. 26 f.

[124] v.Münch, GG Art. 3 Rn 72 ff.; Schmidt-Bleibtreu/Klein, GG Art. 3 Rn 37

Es ist kein vordergründiges Argument, daß der Frauenarbeitsschutz am Grundsatz der Gleichbehandlung von Frauen und Männern ausgerichtet werden muß,[125] sondern ein verfassungsmäßiger und internationaler Auftrag.[126] Will man der höheren Belastung bei Nachtarbeit Rechnung tragen, so hat die Zulassung von Nachtarbeit für alle Arbeitnehmer bei gleichzeitiger Sicherstellung arbeitsmedizinischer Betreuung aus Gründen der Verhältnismäßigkeit ebenfalls den Vorrang vor einem Verbot für eine Teilgruppe ohne sachlich begründete Notwendigkeit;[127] dadurch wäre dem Arbeitsschutz sowohl für Frauen als auch für Männer im Einklang mit der Rechtsordnung gedient. Durch eine zeitliche Limitierung von Nachtschichtarbeit und Freiwilligkeit sind auch bei genereller Zulässigkeit von Nachtarbeit Möglichkeiten gegeben, den Wünschen der einzelnen Arbeitnehmer und des Betriebes stärker Rechnung zu tragen als bisher.

3. Aufhebung der allgemeinen Arbeitszeitbeschränkungen

Was aufgrund des Gleichberechtigungsgrundsatzes für die Nachtarbeit von Frauen und Männern ausgeführt wurde, gilt erst recht auch für die allgemeinen Arbeitsbeschränkungen für Frauen. Bei der allgemeinen Pausenregelung[128] hat sich der Gesetzgeber an den strengeren Vorschriften des Frauenarbeitsschutzes orientiert und diese einheitlich auch für Männer vorgegeben.[129] Aus Gründen der Praktikabilität war eine Differenzierung im Betrieb sicherlich selten genug. Die unterschiedlichen Regelungen für die Dauer und Lage der höchstzulässigen Arbeitszeit wird ebenfalls aufgegeben.[130] Waren hier Ungleichbehandlungen zugunsten der Frauen in der Nachkriegszeit ge-

[125] so aber: Abschaffung des Arbeitszeitschutzes: DGB zum Regierungsentwurf eines Arbeitszeitgesetzes, AiB 1988, 3 ff. (5)

[126] s.o.: Hinweise bei C., II., 2., d), bb), (2), (a) in der Überschrift

[127] vgl dazu: Schwedes, Gesetzliche Arbeitszeitregelung als Rahmen für die flexible Arbeitszeit, S. 97 ff. (112) in: Hromadka, Arbeitszeitrecht im Umbruch; Glaubrecht/Wagner/Zander, Arbeitszeit im Wandel, S. 71

[128] § 2 S. 1 Nr. 1 - 3 EArbZG

[129] vgl. §§ 18 Abs. 1, Abs. 2, 12 Abs. 2 AZO mit § 2 EArbZG; eine dreiviertelstündige Pause wird nun allerdings erst nach neun Stunden Arbeitszeit gewährt, die Stundenpause entfällt

[130] so noch insb. in §§ 17 Abs. 1, Abs. 2, 19 Abs. 1, Abs. 2 AZO

boten,[131] so besteht für diese durch die Änderungen bei Arbeitszeiten, Arbeitsbedingungen und gesellschaftlicher Stellung von Mann und Frau in der Gesellschaft kein besonderes Bedürfnis mehr.[132] Diese Differenzierung ist aus geschlechtsspezifischen Gründen nicht geboten und erleichtert außerdem den Betriebsablauf und die Zusammenarbeit von Frauen und Männern im Betrieb.[133]

IV. Zwischenergebnis

1. Der Frauenarbeitszeitschutz verlangt eine Differenzierung, soweit sie zur Abwehr geschlechtsspezifischer Gefährdungen der Arbeitnehmerinnen und möglicher Schädigungen des werdenden Lebens erforderlich ist.

2. Der Gleichberechtigungsgrundsatz verlangt grundsätzlich eine Gleichbehandlung von Frauen und Männern beim allgemeinen Arbeitszeitschutz.

3. Das allgemeine Nachtarbeitsverbot für Arbeiterinnen enthält einen doppelten Verfassungsverstoß:

a) Die Differenzierung zwischen Arbeiterinnen und weiblichen Angestellten verstößt gegen den Gleichheitssatz in Art. 3 Abs. 1 GG.

b) Die Differenzierung zwischen Arbeiterinnen und männlichen Arbeitnehmern verstößt gegen den Gleichberechtigungsgrundsatz in Art. 3 Abs. 2 GG.

---

[131] s. Beschluß des BVerfG vom 25.05.1956 - 1 BvR 53/54 in AP Nr. 1 zu Art. 103 GG; Meisel/Hiersemann, AZO Vorbemerkung 3. Abschn. Rn 3; Denecke/Neumann, AZO § 17 Rn 3; Zmarzlik, AZO § 17 Rn 1

[132] s. dazu auch die Begründung der Bundesregierung zur Aufhebung der Freizeitanordnung und der Hausarbeitstagsgesetze, BT-Drucks. 11/360 S. 38

[133] so auch Zmarzlik, Zum Entwurf eines Arbeitszeitgesetzes, NZA 1987, Beil. 3, 15 ff. (16)

D. Spezielle Probleme des deutschen Übergangsrechts

Die Herstellung der Deutschen Einheit bewegt nicht nur den Geist, sondern auch die Herzen. Verglichen damit sind die arbeitszeitrechtlichen Probleme gering, was jedoch nicht dazu führen darf, sie zu negieren. Aus aktuellem Anlaß werden daher auch die Übergangsregelungen und somit die Besonderheiten des Arbeitszeitrechts in dem in Art. 3 des Einigungsvertrages[1] genannten Gebiet [2] aufgenommen. Es geht nicht darum, die abweichenden Bestimmungen des Arbeitsgesetzbuches[3] darzustellen,[4] da insbesondere mit dem Wirksamwerden des Beitritts in dem in Art. 3 des Einigungsvertrages genannten Gebiet Bundesrecht in Kraft getreten ist, soweit es nicht in seinem Geltungsbereich auf bestimmte Länder oder Landesteile der Bundesrepublik Deutschland beschränkt war oder durch den Einigungsvertrag, insbesondere dessen Anlage I,[5] etwas anderes bestimmt worden ist.[6] Vielmehr gilt es aufzuzeigen, wo Änderungen und Übergangsregelungen aufgenommen worden sind.

---

[1] vgl. DDR-GBl. I Nr. 64 S. 1627 ff. (1630), Gesetz zum Vertrag zwischen der Deutschen Demokratischen Republik und der Bundesrepublik Deutschland über die Herstellung der Einheit Deutschlands - Einigungsvertrag - vom 31. August 1990 (Verfassungsgesetz); vgl. dazu die Erläuterungen bei Stern/Schmidt-Bleibtreu, Verträge und Rechtsakte zur Deutschen Einheit

[2] es sind die Länder Brandenburg, Mecklenburg-Vorpommern, Sachsen, Sachsen-Anhalt, Thüringen sowie der Ostteil Berlins

[3] AGB der DDR vom 16. Juni 1977 (GBl. I Nr. 18 S. 185)

[4] vgl. dazu die Darstellungen bei Lohmann, Das Arbeitsrecht der DDR, S. 56 ff.; insb. auch §§ 160 ff. AGB

[5] DDR-GBl. I Nr. 64 S. 1647 ff.

[6] so ausdrücklich Art. 8 des Einigungsvertrages, DDR-GBl. I Nr. 64 S. 1632

I. Werktägliche Arbeitszeit und arbeitsfreie Zeiten

1. Grundlagen arbeitszeitrechtlicher Regelungen

Wichtigste Rechtsgrundlage ist neben zahlreichen Sonderregelungen die AZO vom 30. April 1938.[7] Daneben kommt den Tarifverträgen besondere Bedeutung zu.[8]

Im Einigungsvertrag wird außerdem darauf hingewiesen, daß die in Rechtsvorschriften festgelegte Arbeitszeit als vertraglich vereinbart gilt,[9] soweit in Arbeits- und Tarifverträgen darauf Bezug genommen wurde.[10] Das bedeutet eine regelmäßige wöchentliche Arbeitszeit von 43,75 Stunden,[11] soweit keine Sonderregelungen bestehen.[12] Zu beachten ist, daß die Rahmenkollektivverträge[13] oder Tarifverträge mit allen Nachträgen und Zusatzvereinbarungen auch nach dem 3. Oktober 1990 weiter anzuwenden sind, soweit sie nicht aufgehoben oder ersetzt worden sind[14] oder werden.[15]

---

[7] DDR-GBl. I Nr. 64 S. 1771 (dort ist ausgeführt, daß die AZO mit gewissen Maßgaben Anwendung findet)

[8] so zutreffend Pätzold, Seit 3. Oktober: Neue Rechtsgrundlagen für die Arbeitszeitordnung, AuAR 1990, 277 ff. (278), die jedoch offensichtlich das Zusammenspiel von AZO und Tarifverträgen verkennt, da sie darauf abstellt, daß der Gesetzgeber den aktuellen Bedingungen des Arbeitszeitrechts nicht entspreche und deshalb den tariflichen Regelungen besondere Bedeutung zukomme

[9] zumindest bis 30.06.1991, wobei darauf hingewiesen wird, daß die Tarifvertragsparteien bis dahin Arbeitszeitregelungen in Tarifverträgen aufgenommen haben sollten

[10] DDR-GBl. I Nr. 64 S. 1771, Anl. I Kap. 8 Sachgebiet C Abschn. III Nr. 7. d)

[11] s. Direktive vom 03. Mai 1967 zur Vorbereitung und Einführung der durchgängigen Fünf-Tage-Arbeitswoche und zur Verkürzung der wöchentlichen Arbeitszeit bei gleichzeitiger Neuregelung der Arbeitszeit in einigen Wochen mit Feiertagen in der Volkswirtschaft der Deutschen Demokratischen Republik (GBl. II Nr. 38 S. 241)

[12] z.B. 42 Stunden-Woche für Zweichschichtarbeiter und 40 Stunden-Woche für werktätige Mütter mit zwei oder mehr Kindern bis zu 16 Jahren, s. dazu auch Lohmann, Das Arbeitsrecht der DDR, S. 56

[13] soweit eine Registrierung nach § 14 Abs. 2 AGB erfolgte

[14] s. dazu Überleitungstarifverträge - Regelungen zum MTV und zur Arbeitszeit für die Arbeitnehmer der Cigarettenindustrie in den fünf neuen Bundesländern vom 31.10.1990 zwischen der NGG und dem Arbeitgeberverband der Cigarettenindustrie

[15] so ausdrücklich DDR-GBl. I Nr. 64, S. 1763, Anl. I Kap. VII Sachgebiet A Nr. 14; zur Anwendung des TVG vgl. auch den Vertrag über die Schaffung einer Währungs-, Wirtschafts- und Sozialunion, Art. 17 und dazu Anlage II, IV. Sozialunion Nr. 6; zum Staatsvertrag zur Errichtung der Währungs-, Wirtschafts- und Sozialunion vgl. auch Kissel, Arbeitsrecht und Staatsvertrag, NZA 1990, 545 ff.

2. *Änderungen mit Inkrafttreten der AZO*

Die Abweichungen von arbeitszeitrechtlichen Regelungen nach AGB und AZO bei der werktäglichen Arbeitszeit und arbeitsfreien Zeiten sind relativ gering. Fehlte im AGB auch die Festschreibung der regelmäßigen werktäglichen Arbeitszeit auf 8 Stunden wie in § 3 AZO,[16] so war doch die Fünf-Tage-Arbeitswoche mit dem freien Wochenende[17] ebenso wie die Höchstarbeitszeit von täglich zehn Stunden und wöchentlich 56 Stunden vorgegeben,[18] wobei die wöchentliche Arbeitszeit innerhalb von sechs Wochen auszugleichen war.[19] Grundsätzlich war für alle Arbeitnehmer[20] eine einheitliche Pausenregelung gegeben.[21] Die tägliche Ruhezeit war eine Stunde länger als nach der AZO[22] und enthielt zudem eine Bestimmung für Ruhezeiten zwischen zwei Arbeitswochen.[23] Bereits durch diese komprimierte Darstellung wird deutlich, daß in diesem arbeitszeitrechtlichen Bereich keine gravierenden Änderungen mit Einführung der AZO gegeben sind.[24]

---

[16] vgl. aber § 160 Abs. 1 AGB in der Fassung bis zum 30.06.1990, wonach die Politik des sozialistischen Staates auf den weiteren schrittweisen Übergang zur 40-Stunden-Arbeitswoche und auf die Verkürzung der täglichen Arbeitszeit ohne Lohnminderung bei Beibehaltung der Fünf-Tage-Arbeitswoche gerichtet war (GBl. I Nr. 18 S. 185); Lohmann, Das Arbeitsrecht der DDR, S. 56, der ausführt, daß trotz Ankündigung dieses Zieles im Jahr 1976 sich nichts an der tatsächlichen Situation geändert habe

[17] vgl. §§ 161 Abs. 1, Abs. 2, 162 Abs. 1 AGB

[18] vgl. § 163 S. 1 AGB

[19] vgl. § 163 S. 2 AGB

[20] bis zum 30.06.1990 war der Begriff "Werktätige" gebräuchlich

[21] spätestens nach viereinhalb Stunden Arbeitszeit sowohl für Frauen als auch für Männer 30 Minuten Pause

[22] und insoweit strenger als § 12 Abs. 1 S. 1 AZO, s. § 166 Abs. 2 AGB

[23] vgl. § 166 Abs. 1 AGB

[24] allerdings hatte bereits eine evidente Änderung des AGB der DDR durch Gesetz vom 22. Juni 1990 (GBl. I Nr. 35 S. 371) stattgefunden; das Gesetz ist am 01.07.1990 in Kraft getreten, wozu die DDR nach dem Vertrag über die Schaffung einer Währungs-, Wirtschafts- und Sozialunion verpflichtet war (Anlage III, III. Sozialunion Nr. 7)

II. Sonn- und Feiertagsruhe

Im Gegensatz zu den Regelungen der Arbeitszeitordnung zur werktäglichen Arbeitszeit und arbeitsfreien Zeiten, die grundsätzlich Anwendung finden,[25] erfährt der Sonn- und Feiertagsschutz eine gesonderte Behandlung. Die §§ 105 a - 105 j GewO und die entsprechenden Verordnungen sind erst ab dem 01. Januar 1993 anzuwenden.[26] Bis zu diesem Zeitpunkt gilt § 168 Abs. 1, Abs. 3 und Abs. 4 AGB,[27] § 168 Abs. 2 AGB bis zum Inkrafttreten landesrechtlicher Regelungen zur Sonn- und Feiertagsruhe.[28]

1. Verfassungsrechtlicher Ansatz

Die Anwendung des Grundgesetzes auf dem Gebiet der ehemaligen DDR[29] bringt auch die Anwendung des Art. 139 WV mit sich.[30] Allerdings verlangt die besondere Situation des deutschen Zusammenschlusses auch eine besondere Berücksichtigung von Grundrechten, die möglicherweise zu stark eingeschränkt wären.[31] Die Eigentumsgarantie des Art. 14 GG erlangt bei der oftmals desolaten wirtschaftlichen Situation gerade für den Wiederaufbau große Bedeutung. Ohne entsprechende Flexibilität könnten ganze Wirtschaftszweige in ihrem Bestand gefährdet sein. Dies darf wegen der institutionellen Garantie[32] zwar nicht dazu führen, daß der Sonn- und Feiertagsschutz aufgehoben wird,[33] doch wären die Bestimmungen der §§ 105 c - 105 j GewO gerade in der Aufbauphase zu eng.[34]

---

[25] s.o. Ausführungen unter D., I., 1.

[26] DDR-GBl. I Nr. 64 S. 1770 f., Anl. I Kap. VIII Sachgebiet C Abschn. III Nr. 1 ff.

[27] Arbeitsgesetzbuch der DDR vom 16. Juni 1977 (GBl. I Nr. 18 S. 185), zuletzt geändert durch Gesetz vom 22. Juni 1990 (GBl. I Nr. 35 S. 371)

[28] DDR-GBl. I Nr. 64 S. 1948, Anl. II Kap. VII Sachgebiet C Abschn. III

[29] zu den neuen Gebieten vgl. Art. 3 des Einigungsvertrages

[30] dazu auch Mattner, Sonn- und Feiertagsschutz auf dem Gebiet der ehemaligen DDR, AuAR 1991, 9 ff.

[31] ebenso Mattner, a.a.O., 9 ff. (10)

[32] Art. 140 GG i.V.m. Art. 139 WV

[33] so ausdrücklich auch Mattner, Sonn- und Feiertagsschutz auf dem Gebiet der ehemaligen DDR, AuAR 1991, 9 ff. (10)

2. *Grundsätzliches Beschäftigungsverbot*

Ausgangspunkt bei der Sonn- und Feiertagsarbeit ist § 168 Abs. 1 AGB. Danach besteht ein grundsätzliches Beschäftigungsverbot - wenn auch nicht so differenzierend - wie nach § 105 b GewO. Zwar findet sich in § 168 Abs. 1 AGB kein Hinweis darauf, daß der Anwendungsbereich auf die Arbeitnehmer beschränkt ist, doch ergibt sich eine entsprechende Auslegung aus der Regelungsmaterie und der begrifflichen Darstellung in § 168 Abs. 4 AGB.[35]

3. *Zulässigkeit der Arbeit an Sonn- und Feiertagen*

Gegenüber der Regelung in § 168 Abs. 3 AGB in der Fassung bis zum 30. Juni 1990 ist die Zulässigkeit stark eingeschränkt worden.[36] Bis zu diesem Zeitpunkt genügte für die Zulässigkeit der Sonn- und Feiertagsarbeit, daß sie wegen eines ununterbrochenen Produktionsablaufes oder zur vollen Ausnutzung von Anlagen oder zur Durchführung volkswirtschaftlich besonders wichtiger Aufgaben erforderlich war. Die Regelung des § 168 Abs. 3 AGB in der Fassung ab 01. Juli 1990[37] verlangt bereits, daß eine Arbeitsunterbrechung aus technischen oder zwingenden Gründen des Betriebsablaufes unmöglich ist oder unverhältnismäßige Schäden hervorrufen würde (§ 168 Abs. 3 Nr. 4 AGB). In dieser Fassung erinnert die Zulässigkeit der Sonn- und Feiertagsarbeit weniger an die Regelungen der Gewerbeordnung[38] als an die Bestimmungen des Arbeitszeitgesetzes.[39] Für diesen Paten bei der Neuregelung des § 168 Abs. 3 AGB sprechen auch die Ausnahmen vom grundsätzlichen Beschäftigungsverbot zur Befriedigung

---

[34] zu weit wäre deshalb die Bestimmung des § 168 Abs. 3 AGB in der Fassung bis zum 30. Juni 1990 gewesen, da danach bereits bei ökonomisch sinnvoller Arbeit an Sonn- und Feiertagen gearbeitet werden durfte; ebenso Lohmann, Das Arbeitsrecht der DDR, S. 58 f.

[35] so auch Mattner, Sonn- und Feiertagsschutz auf dem Gebiet der ehemaligen DDR, AuAR 1991, 9 ff. (10)

[36] vgl. dazu DDR-GBl. I Nr. 18 S. 185 ff.

[37] DDR-GBl. I Nr. 35 S. 371 ff.

[38] vgl. §§ 105 c Abs. 1 Nr. 4, 105 d Abs. 1 GewO; so aber Mattner, Sonn- und Feiertagsschutz auf dem Gebiet der ehemaligen DDR, AuAR 1991, 9 ff. (10)

[39] s. insb. § 7 Abs. 2 Nr. 18 und Nr. 19 EArbZG zur Zulässigkeit industrieller Sonn- und Feiertagsarbeit

berechtigter Freizeitinteressen der Bevölkerung.[40] Mögen bei dieser Fassung auch Zweifel am rechtsstaatlichen Bestimmtheitsgebot bestehen,[41] so kann der unbestimmte Begriff der "berechtigten Freizeitinteressen" bei einer Auslegung unter Berücksichtigung der institutionellen Garantie der Sonn- und Feiertagsruhe sinnvoll ausgefüllt werden.[42] Auch darf nicht übersehen werden, daß ein großer Nachholbedarf an Freizeitaktivitäten besteht, der zumindest für eine Übergangszeit[43] eine weite Ausnahmeregelung verlangt.[44]

Die Zulässigkeit der Sonn- und Feiertagsarbeit in Notfällen (§ 168 Abs. 3 Nr. 1 AGB), zur Versorgung der Bevölkerung und bei Erforderlichkeit aus zwingenden Gründen des Gemeinwohls bedarf ebenfalls der Ausfüllung, wobei eine den besonderen Gegebenheiten Rechnung tragende Orientierung an den unbestimmten Rechtsbegriffen und den Regelungen der §§ 105 b ff. GewO geboten erscheint.[45]

4. Besonderheiten bei der Feiertagsregelung

Die gesetzlichen Feiertage sind bis zum Inkrafttreten landesrechtlicher Regelungen zur Sonn- und Feiertagsruhe in § 168 Abs. 2 AGB geregelt.[46] Bis dahin gelten auch die Verordnung über die Einführung gesetzlicher Feiertage vom 16. Mai 1990[47] und die erste Durchführungsbestimmung vom 07. Juni 1990 zur Verordnung über die Einführung gesetzlicher Feiertage[48] weiter.

---

[40] vgl. § 168 Abs. 3 Nr. 3 AGB; die Gewerbeordnung regelt diesen Problembereich im Gegensatz zum Entwurf des Arbeitszeitgesetzes (insb. § 7 Abs. 2 Nr. 8 EArbZG nicht)

[41] so ausdrücklich Mattner, Sonn- und Feiertagsschutz auf dem Gebiet der ehemaligen DDR, AuAR 1991, 9 ff. (10)

[42] eine Einschränkung ist beispielsweise über das Kriterium erreichbar, daß es sich um Arbeiten handeln muß, die nicht an Werktagen erbracht werden können

[43] § 168 Abs. 3 AGB ist nur bis zum 31.12.1992 in Kraft

[44] gerade während der Zeit der Umstrukturierung ist der davon ausgehende arbeitsmarktpolitische Ansatz nicht von der Hand zu weisen

[45] so auch Mattner, Sonn- und Feiertagsschutz auf dem Gebiet der ehemaligen DDR, AuAR 1991, 9 ff. (10); zur fehlenden Verzeichnispflicht vgl. auch Mattner, Sonn- und Feiertagsrecht, S. 124 f., 131 f.

[46] so ausdrücklich DDR-GBl. I Nr. 64 S. 1948

[47] DDR-GBl. I Nr. 27 S. 248 ff.

Da die Regelungskompetenz zur Festsetzung von Feiertagen gem. Art. 72 Abs. 1 GG auf Landesebene liegt, sollte zumindest bis zum Ablauf der Übergangszeit zu den Vorschriften der §§ 105 a - 105 j GewO[49] eine den Interessen und Bedürfnissen der Bevölkerung entsprechende Regelung erfolgen.

III. Frauenarbeitsschutz

1. Gesetzliche Bestimmungen

Zwar tritt das Bundesrecht in dem in Art. 3 des Einigungsvertrages genannten Gebiet mit Wirksamwerden des Beitritts in Kraft,[50] doch bestehen für die frauenarbeitsschutzrechtlichen Bestimmungen der AZO[51] in der Anlage I[52] Einschränkungen. Danach ist § 16 Abs. 2 AZO nicht anzuwenden, soweit das Verbot der Beschäftigung von Frauen bei Bauten aller Art aufgenommen ist. Die Regelungen zum Nachtarbeitsverbot für Arbeiterinnen und der Frühschluß vor Sonn- und Feiertagen sind überhaupt nicht übernommen worden.

2. Richtungsweisende Änderungen

Das Ausklammern des Nachtarbeitsverbotes für Arbeiterinnen (ebenso wie der Frühschluß vor Sonn- und Feiertagen) ist insbesondere vor dem Hintergrund des Entwurfes zum Arbeitszeitgesetz[53] von richtungsweisender Bedeutung. Wurde dort in § 10 Abs. 1 EArbZG anfänglich noch am Nachtarbeitsverbot festgehalten,[54] so sind die Koalitionsfraktionen übereingekom-

---

[48] DDR-GBl. I Nr. 31 S. 281 ff.

[49] somit bis zum 31.12.1992, DDR-GBl. I Nr. 64 S. 1770, Anlage I Kap. VIII Sachgebiet C Abschn. III Nr. 1

[50] so ausdrücklich Art. 8 des Einigungsvertrages

[51] vgl. §§ 16 ff. AZO

[52] Anlage I Kap. VIII Abschn. III Nr. 7.a) und 7.b), vgl. auch Nr. 8 der Ausführungsverordnung zur AZO

[53] BT-Drucks. 11/360 S. 1 ff.

[54] BT-Drucks. 11/360 S. 7

men, es in einem Arbeitszeitgesetz nicht mehr aufzunehmen.[55] Damit wird bereits der Verfassungswidrigkeit der Bestimmung Rechnung getragen.[56] Von einem Abbau des Frauenarbeitsschutzes kann hierbei nicht gesprochen werden, da die allgemeinen arbeitszeitrechtlichen Einschränkungen dem AGB der DDR unbekannt sind.

Nur wenn geschlechtsspezifische Gründe eine Differenzierung verlangen, ist ein besonderer Frauenarbeitsschutz geboten.[57] Diese Neuregelung ist daher verfassungsrechtlich wegen Berücksichtigung des Gleichheitssatzes nach Art. 3 Abs. 1 GG und des Gleichberechtigungsgrundsatzes nach Art. 3 Abs. 2 GG der (noch) in der Arbeitszeitordnung enthaltenen Regelung in § 19 AZO vorzuziehen. Nach der Ausklammerung von § 16 Abs. 2 AZO wird ebenfalls dem Umstand Rechnung getragen, daß ein generelles Beschäftigungsverbot hinter geschlechtsspezifischen Einschränkungen zurückzutreten hat.[58]

3. Regelungen zum Hausarbeitstag

Eine weitere Besonderheit ist die Regelung des § 185 AGB.[59] Ohne in allen Einzelheiten auf diese Bestimmung eingehen zu wollen, widerspricht die Gewährung dieses Hausarbeitstages derart offensichtlich sowohl gegen Art. 3 Abs. 1 GG als auch gegen Art. 3 Abs. 2 GG, daß die Fortgeltung bis zum 31. Dezember 1991 unverständlich ist.[60] Der monatliche Hausarbeitstag ist vollbeschäftigten Frauen mit eigenem Haushalt bereits dann zu gewähren,

---

[55] s. dazu auch Schwedes, Gesetzliche Arbeitszeitregelung als Rahmen für die flexible Arbeitszeit, S. 97 ff. (112) in: Hromadka, Arbeitszeitrecht im Umbruch

[56] s.o. Ausführungen unter C., II.

[57] s. auch die Regelung in § 243 Abs. 1 AGB, die bis zum 31. Dezember 1990 Anwendung fand, DDR-GBl. I Nr. 64, Anlage II Kap. X Sachgebiet A Abschn. III Nr. 1; danach war die Nachtarbeit für Schwangere und stillende Mütter verboten; diese Regelung war auch geboten, da der Schutz nach § 8 Abs. 1 MuSchG erst ab dem 1. Januar 1991 greift, DDR-GBl. I Nr. 64, Anl. I Kap. X Sachgebiet A Abschn. III.

[58] so auch die geplante Regelung in § 11 Abs. 1, Abs. 2 EArbZG, vgl. auch die Ausführungen dazu in BT-Drucks. 11/360 S. 22, 32 f., 39 .

[59] DDR-GBl. I Nr. 64, Anlage II Kap. VII Sachgebiet C Abschn. III Nr. 1.c)

[60] Bedenken bestehen nicht nur wegen grundrechtlicher Verstöße, sondern auch aufgrund von Verstößen gegen Europäisches Recht, s. insb. die Aufstellung bei Schaub, Arbeitsrechts-Handbuch § 3 II, §§ 164, 165 I 1

wenn sie verheiratet sind oder sie das 40. Lebensjahr vollendet haben.[61] Dagegen erhalten Väter[62] den Hausarbeitstag nur dann, wenn sie vollbeschäftigt und alleinerziehend mit Kindern bis zu 18 Jahren sind und es wegen der Betreuung des Kindes bzw. der Kinder erforderlich ist. Alle vollbeschäftigten Männer erhalten den Hausarbeitstag bei ärztlich bescheinigter Pflegebedürftigkeit der Ehefrau, wenn es die Erfüllung der Aufgaben im Haushalt erfordert.

War das Rollenverständnis ursächlich dafür, daß die Frauen wegen ihrer Doppelbelastung durch Beruf und Haushalt einen zusätzlichen freien Tag im Monat erhalten sollten, so ist heute kein Grund ersichtlich,[63] der Ehefrau "exklusiv"[64] diese zusätzliche Vergünstigung einzuräumen.[65] Die Anwendung des Hausarbeitstages bis zum 31.12.1991 hat zudem auch nachteilige Auswirkungen. So sind bereits 1990 für das in Art. 3 des Einigungsvertrages genannte Gebiet Tarifabschlüsse getätigt worden, die diesem Faktor Rechnung tragen.[66] Im Jahr 1991 werden 25 Urlaubstage gewährt,[67] für das Jahr 1992 erfolgte bereits die Festschreibung auf 30 Urlaubstage je Kalenderjahr.[68] Die Gewährung eines Hausarbeitstages wird somit durch die geringere Urlaubsgewährung im Einvernehmen zwischen Arbeitgeberverband und Gewerkschaft kompensiert. In Anbetracht der Dauer eines verfassungsrechtlichen Verfahrens ist diese Vorgehensweise durchaus verständlich, insbesondere wenn man das Auslaufen der Bestimmung des § 185 AGB am 31.12.1991 zugrundelegt.

---

[61] so § 185 Abs. 1 a) und d) ABG; daneben ebenso, wenn Kinder bis zu 18 Jahren zum Haushalt gehören oder pflegebedürftige Familienangehörige zum Haushalt gehören und die Pflegebedürftigkeit ärztlich bescheinigt ist, vgl. § 185 Abs. 1 b) und c) ABG

[62] nicht einmal alle Männer

[63] insbesondere, wenn sich Kinder nicht oder nicht mehr im Haushalt befinden

[64] so wörtlich Lohmann, Das Arbeitsrecht der DDR, S. 60

[65] BVerfG in DB 1980, 404 ff.; BAG in DB 1982, 1466 ff.

[66] s. beispielsweise Überleitungstarifvertrag vom 31. Oktober 1990 mit Regelungen zum Manteltarifvertrag und zur Arbeitszeit für die Arbeitnehmer der Cigarettenindustrie in den fünf neuen Bundesländern

[67] s. § 10 Nr. 6 MTV/O

[68] s. § 10 Nr. 6 MTV/O; dazu auch Protokollnotiz Nr. 6, wonach Hausarbeitstage in 1991 auf den Jahresurlaub nicht angerechnet werden

IV. Stellungnahme

Da bis auf die §§ 16 Abs. 2, 19 AZO die Arbeitszeitordnung Anwendung findet, gelten grundsätzlich auch dieselben Bedenken. Das Arbeitszeitrecht ist vielfach stark veraltet. Insoweit kann auf die Ausführungen zu den Bestimmungen der AZO und dem EArbZG verwiesen werden.

Die Bestimmungen in der GewO zur Sonn- und Feiertagsruhe sind m.E. auch aus diesem Grund nicht übernommen worden. Außerdem verlangt die momentane wirtschaftliche Situation in dem Gebiet der ehemaligen DDR eine weitere Handhabung, um den Anforderungen an den Wiederaufbau und den Strukturwandel gerecht werden zu können. Da diese Bestimmungen zeitlich begrenzt sind, ist zu hoffen, daß der Entwurf des Arbeitszeitgesetzes insbesondere die Probleme im Zusammenhang mit der industriellen Sonntagsarbeit aufgreift und nicht durch zu enge Regelungen notwendige Handlungsfreiräume vereitelt. Ob der Eigentumsgarantie in Art. 14 GG insbesondere in Abgrenzung zur institutionellen Garantie nach Art. 140 GG i. V. m. Art. 139 WV in der noch verbleibenden Zeit bis zum 31.12.1992 ausreichend Rechnung getragen werden kann, bleibt abzuwarten.

Die Besonderheiten im Frauenarbeitsschutz sind verfassungsrechtlich zu begrüßen. Sie werden sowohl dem Gleichheitssatz als auch dem Gleichberechtigungsgrundsatz gerecht. Vor diesem Hintergrund ist die Anwendung von § 185 AGB zur Gewährung eines Hausarbeitstages bis zum 31.12.1991 unverständlich, zumal sich diese Regelung bei Tarifverhandlungen negativ auf den Urlaubsanspruch auswirkt und einen deutlichen Verstoß gegen Art. 3 Abs. 1, Abs. 2 GG enthält. Bis zur Feststellung der Verfassungswidrigkeit durch das Bundesverfassungsgericht dürfte sich das Problem jedoch durch Zeitablauf erledigt haben.

E. Gesamtzusammenfassung

Die allgemeinen arbeitszeitrechtlichen Bestimmungen in der Arbeitszeitordnung und der Gewerbeordnung sind nicht nur terminologisch überholt.

Es ist die Aufgabe des Gesetzgebers, Grenzen aufzuzeigen, die durch den Gesundheitsschutz geboten sind. Verbindliche Arbeitszeitregelungen können nicht Gegenstand eines Arbeitszeitgesetzes sein. Diese werden zweckmäßiger auf Tarif- und Betriebsebene geschaffen, wobei der gesteckte gesetzliche Rahmen den Gestaltungsspielraum aufzeigen muß. Tarifliche und betriebliche Regelungen können sachgerechte Lösungen für Branchen und Industriezweige kreieren, da sie der Vielzahl von Problemen näher stehen.

Bei der Verteilung der regelmäßigen täglichen Arbeitszeit ist ein längerer Ausgleichszeitraum dringend geboten. Auch bei den Ruhepausen ist eine Differenzierung je nach Geschlecht sachlich nicht begründet. Beiden Aspekten trägt der Entwurf des Arbeitszeitgesetzes Rechnung.

Freiräume für abweichende Regelungen sind grundsätzlich aus Gründen der Flexibilisierung zu begrüßen. Zwar verringert sich infolge zunehmender Individualisierung der Arbeitszeitgestaltung die Chance des gemeinsamen solidarischen Vorgehens beim Streben nach besseren Arbeits- und Wirtschaftsbedingungen, jedoch steht dem entgegen, daß die Vorstellungen und Wünsche flexibler Arbeitszeiten wegen der individuellen Gestaltungsmöglichkeiten den einzelnen Arbeitnehmern auch sehr entgegenkommen. Reine Zulassungsnormen zur Modifizierung des Rahmens für eine straffreie Beschäftigung sind dabei nur auf Tarifebene sinnvoll. Auf Betriebsebene sind sie weder realistisch noch zweckmäßig. Arbeitgeber und Betriebsrat werden kein Interesse an abstrakten Regelungen haben, zumal sie bei der zeitlichen Ausgestaltung von verbindlichen Arbeitszeitvereinbarungen nach dem BetrVG zusammenarbeiten müssen. Aufgaben und Regelungsinstrumentarien verlangen eine Differenzierung nach abstrakten Zulässigkeitsbestimmungen und verbindlicher Festsetzung der Arbeitszeiten. Wird der Rahmen vom Gesetzgeber unter Beachtung der medizinischen Erkenntnisse flexibel genug vorgegeben, ist eine derartige Verlagerung auf die Betriebsebene auch nicht erforderlich. Ein verantwortungsbewußter Umgang, insbesondere unter dem

Aspekt des tariflichen oder betrieblichen Gegenpols, garantiert sachgerechte Lösungen, was vom Gesetzgeber wörtlich herausgestellt und betont wird.

Die Ausweitung abstrakter Zulassungsnormen stellt sich dann nicht als problematisch dar, wenn gesetzliche Bestimmungen den Rahmen für Arbeitszeitgestaltungen vorgeben. Bei tariflicher Vorgabe und Übernahme durch Betriebsvereinbarungen werden nicht tarifgebundene Arbeitnehmer ebenfalls zwingend und unmittelbar gebunden.

Die Bestimmungen zum Sonn- und Feiertagsschutz in der Gewerbeordnung werden den Anforderungen der heutigen Zeit nicht mehr gerecht. Am Entwurf des Arbeitszeitgesetzes ist zu kritisieren, daß er sich der Probleme der Sonn- und Feiertagsarbeit aus wirtschaftlichen Gründen nicht zumindest abstrakt annimmt. Positiv ist zu vermerken, daß der wegen der Arbeitszeitverkürzung immer größere Bedeutung erlangende Freizeitbereich aufgenommen und geregelt wird. Dabei ist der Verzicht auf jedwede Kontroll- und Beweissicherung neu zu überdenken, um der Bedeutung dieser Ausnahmeregeln gerecht zu werden.

Der Frauenarbeitsschutz nach der Arbeitszeitordnung orientiert sich in entscheidenden Punkten nicht mehr an der Realität. Letzte Überlegungen der Koalitionsfraktionen zum Nachtarbeitsverbot für Arbeiterinnen und zum Frühschluß vor Sonn- und Feiertagen sind nicht nur geboten, sondern bedürfen dringend einer Klärung. Gleichheitssatz und Gleichberechtigungsgrundsatz haben den Vorrang, soweit keine geschlechtsspezifischen Bedenken gegeben sind.

Das Übergangsrecht für das Gebiet der ehemaligen DDR zeigt, daß bereits mehrere aktuelle arbeitszeitrechtliche Probleme erkannt und umgesetzt worden sind. Wenn auch grundsätzlich die Arbeitszeitordnung zur Anwendung kommt, so ist der Rolle der Frau in unserer Gesellschaft unter Beachtung des Verfassungsrechts Beachtung geschenkt worden. Die Regelungen zur Sonn- und Feiertagsarbeit sind zwar allgemein gehalten, enthalten jedoch den nötigen Freiraum für den wirtschaftlichen Strukturwandel und Wiederaufbau.

Es ist Aufgabe des gesamtdeutschen Gesetzgebers, das Arbeitsrecht sowie das öffentlich-rechtliche Arbeitszeitrecht einschließlich der Zulässigkeit von Sonn- und Feiertagsarbeit und den besonderen Frauenarbeitsschutz möglichst bald einheitlich neu zu kodifizieren (so wörtlich Art. 30 Abs. 1 Nr. 1 des Einigungsvertrages).

Literaturverzeichnis

Adomeit, Klaus: Die Regelungsabrede (als die neben der Betriebsvereinbarung zulässige Ausübungsform der Mitbestimmung in sozialen Angelegenheiten), 2. Aufl., Düsseldorf 1961

Anzinger, Rudolf: Zur Neuregelung des Frauenarbeitsschutzes im Entwurf eines neuen Arbeitszeitgesetzes, DB 1985, 2352 ff.

Anzinger, Rudolf / *Koberski* Wolfgang: Das Gesetz zur Einführung eines Dienstleistungsabends und seine Auswirkungen auf individualrechtliche, kollektivrechtliche und kartellrechtliche Fragen, NZA 1989, 737 ff.

Badura, Peter: Staatsrecht, München 1986

Baumeister, Jürgen: Arbeiter und Angestellte - ihre Gleichbehandlung, Annäherung und Unterschiede im geltenden Recht, Würzburg 1975

Becker, Friedrich / *Etzel*, Gerhard / *Friedrich*, Hans-Wolf / *Gröninger*, Karl / *Hillebrecht*, Wilfried / *Rost*, Friedhelm / *Weigand*, Horst / *Weller*, Bernhard / *Wolf*, Manfred / *Wolff*, Ingeborg: Gemeinschaftskommentar zum Kündigungsschutzgesetz und zu sonstigen kündigungsschutzrechtlichen Vorschriften, 3. Aufl., Neuwied 1989

Bengelsdorf, Peter: Die tariflichen Kündigungsfristen für Arbeiter nach der Entscheidung des BVerfG vom 30.5.1990, NZA 1991, 121 ff.

Biedenkopf, Kurt H.: Grenzen der Tarifautonomie, Karlsruhe 1964

Braunert, Ulrich: Lohn- und Zeitgestaltung im Arbeitsverhältnis, AuAR 1990, 273 ff.

Brieler, Rolf: Die Nachtarbeitsverbote des geltenden deutschen Rechts im Lichte des Sozialstaats, Hamburg 1970

Brox, Hans: Arbeitsrecht, 9. Aufl., Stuttgart/Berlin/Köln 1989

Buchner, Herbert: Arbeitszeitregelungen im Spannungsfeld zwischen Tarifvertrag und Betriebsvereinbarung, NZA 1986, 377 ff.

– Die Kündigungsfristen für Arbeiter nach der Entscheidung des BVerfG vom 30.5.1990, NZA 1991, 41 ff.

Buschmann, Rudolf: Die Günstigkeit der Nachtarbeit, NZA 1990, 387 f.

Christ, Rose-Marie: Nachtarbeit für Arbeiterinnen? AiB 1988, 6 ff.

Däubler, Wolfgang: Sonntagsarbeit aus technischen und wirtschaftlichen Gründen, DB 1988, Beil. 7, 1 ff.

Däubler, Wolfgang / *Hege*, Hans: Tarifvertragsgesetz, 2. Aufl., Baden-Baden 1981

Denck, Johannes: Bildschirmarbeitsplätze und Mitbestimmung des Betriebsrates, RdA 1982, 279 ff.

Denecke, Johannes / *Neumann*, Dirk: Arbeitszeitordnung, 10. Aufl., München 1987

Dersch, Hermann / *Neumann*, Dirk: Bundesurlaubsgesetz, 7. Aufl., München 1990

DGB: Abschaffung des Arbeitszeitschutzes: DGB zum Regierungsentwurf eines Arbeitszeitgesetzes, AiB 1988, 3 ff.

Dieterich, Thomas: Die betrieblichen Normen nach dem Tarifvertragsgesetz vom 9.4.1949, Heidelberg 1964

Dietz, Rolf / *Richardi*, Reinhard: Betriebsverfassungsgesetz, Band 1: 6. Aufl., München 1981; Band 2: 6. Aufl., München 1982

Dybowski-Johannson, Gisela: Die Interessenvertretung durch den Betriebsrat, Frankfurt a.M. 1980

Ehmann, Horst: Vom Arbeitskampfrecht zur Mitbestimmung - Entwicklungen in der Krise des Sozialismus, NZA 1991, 1 ff.

Fabricius, Fritz / *Kraft*, Alfons / *Thiele*, Wolfgang / *Wiese*, Günther / *Kreutz*, Peter: Gemeinschaftskommentar zum Betriebsverfassungsgesetz, Band 1: 4 Aufl., Neuwied und Darmstadt 1987; Band 2: 4 Aufl., Neuwied 1990

Fechner, Erich: Probleme der Arbeitsbereitschaft, Tübingen 1963

Feller, Walter: Betriebs- und sozialpolitische Probleme der Gleichbehandlung der Frau im Arbeitsrecht unter besonderer Berücksichtigung der Entlohnungsfrage, Düsseldorf 1963

Fitting, Karl / *Auffarth*, Fritz / *Kaiser*, Heinrich / *Heither*, Friedrich: Betriebsverfassungsgesetz, 16. Aufl., München 1990

Fürnthaler, Kurt: Zur juristischen Neuabgrenzung der Begriffe Arbeiter und Angestellte, Köln 1966

Galperin, Hans / *Löwisch*, Manfred: Kommentar zum Betriebsverfassungsgesetz, Band 1: 6. Aufl., Heidelberg 1982; Band 2: 6. Aufl., Heidelberg 1982

Gaul, Dieter / *Bobrowski*, Paul: Das Arbeitsrecht im Betrieb, Band 1: Heidelberg 1986; Band 2: Heidelberg 1986

Gitter, Wolfgang: Arbeitsrecht, Heidelberg 1987

Glaubrecht, Helmut / *Wagner*, Dieter / *Zander*, Ernst: Arbeitszeit im Wandel, 3. Aufl., Freiburg im Breisgau 1988

Hagemeier, Christian: Tariföffnungsklauseln im Beschäftigungsförderungsgesetz und im Arbeitszeitgesetz, ArbuR 1985, 144 ff.

Hagemeier, Christian / *Kempen*, Otto Ernst / *Zachert*, Ulrich / *Zilius*, Jan: Tarifvertragsgesetz, 2 Aufl., Köln 1990

Hanau, Peter: Verkürzung und Differenzierung der Arbeitszeit als Prüfsteine des kollektiven Arbeitsrechts, NZA 1985, 73 ff.

Hanau, Peter / *Adomeit*, Klaus: Arbeitsrecht, 9. Aufl., Frankfurt a.M. 1988

Heinze, Meinhard: Betriebsvereinbarung versus Tarifvertrag? NZA 1989, 41 ff.

– Tarifautonomie und sogenanntes Günstigkeitsprinzip, NZA 1991, 329 ff.

Herschel, Wilhelm: Die Zulassungsnormen des Tarifvertrages, RdA 1969, 211 ff.

– Bemerkungen zum Entwurf eines Arbeitszeitgesetzes, BB 1986, 384 f.

Herschel, Wilhelm / *Lorenz*, Martin: Kommentar zum Jugendarbeitsschutzgesetz, 2. Aufl., Heidelberg 1985

Hess, Herold / *Schlochauer*, Ursula / *Glaubitz*, Werner: Kommentar zum Betriebsverfassungsgesetz, 3 Aufl., Neuwied und Darmstadt 1986

Höfer, Reinhard / *Abt*, Oskar: Gesetz zur Verbesserung der betrieblichen Altersversorgung Band 1: Arbeitsrechtlicher Teil, 2. Aufl., München 1982; Band 2: Steuerrechtlicher Teil, 2. Aufl., München 1984

Hoyningen-Huene, Gerrick von: Kompetenzüberschreitende Tarifverträge zur Regelung unterschiedlicher Wochenarbeitszeiten, NZA 1985, 169 f.

– Einführung und Anwendung flexibler Arbeitszeiten im Betrieb, NZA 1985, 9 ff.

Hromadka, Wolfgang: Arbeitszeitrecht im Umbruch, (Herausgeber), Stuttgart 1988

Jaeger, Renate: Probleme der Gleichbehandlung im Sozialrecht - Zur Situation nach EG-Recht und bundesdeutschem Recht, NZA 1990, 1 ff.

Jung, Werner: Zu viele arbeiten zu lange, Berlin 1980

Kapischke, Annemarie / *Arens*, Wolfgang: Verletzung des Gleichbehandlungsgrundsatzes im geplanten Arbeitszeitgesetz, NZA 1988, 239 ff.

Kappus, Manfred: Wirtschaftliche und technische Notwendigkeiten als Ausnahme vom gewerberechtlichen Verbot der Sonntagsarbeit, BB 1987, 120 ff.

Kehrmann, Karl / *Schoden*, Michael: Ein neues Arbeitszeitgesetz der Bundesregierung, AiB 1984, 148 ff.

Kern, Jan H.: Die Entscheidung des BVerfG zu § 622 Abs. 2 BGB, NZA 1991, 56 ff.

Kissel, Otto Rudolf: Das Spannungsfeld zwischen Betriebsvereinbarung und Tarifvertrag, NZA 1986, 73 ff.

– Arbeitsrecht und Staatsvertrag, NZA 1990, 545 ff.

Koch, Hartmut: Der Beschluß des BVerfG vom 30.5.1990, NZA 1991, 50 ff.

Landmann, Robert von / *Rohmer*, Gustav: Kommentar zur Gewerbeordnung, Bd. 1: 14. Aufl., München, Stand 1. Okt. 1989; Bearbeitung der §§ 105 ff. GewO von Dirk Neumann

Leinemann, Wolfgang: Rechtsprobleme der Wochenendarbeit, NZA 1988, 337 ff.

Lieb, Manfred: Arbeitsrecht, 4. Aufl., Heidelberg 1989

Lipke, Gert-Albert: Die Aufgliederung der Arbeitnehmerschaft in Arbeiter und Angestellte, DB 1983, 111 ff.

Loddenkemper, Bernhard: Unzulässige Differenzierung zwischen Arbeiterinnen und weiblichen Angestellten. - Zur Verfassungswidrigkeit des § 19 I AZO, ZRP 1983, 299 f.

Löwisch, Manfred: Die Rechtsstellung der Nichtorganisierten gegenüber dem Tarifvertrag, NZA 1985, 170 ff.

– Arbeits- und sozialrechtliche Hemmnisse einer weiteren Flexibilisierung der Arbeitszeit, RdA 1984, 197 ff.

– Dienstleistungsabend mit freiwilligen Mitarbeitern, NZA 1989, 959 f.

Lohmann, Ulrich: Das Arbeitsrecht der DDR, Berlin 1987

Loritz, Karl-Georg: Möglichkeiten und Grenzen der Sonntagsarbeit, Stuttgart 1989

Maunz, Theodor / *Dürig*, Günter / *Herzog*, Roman / *Scholz*, Rupert / *Lerche*, Peter / *Papier*, Hans-Jürgen / *Randelzhofer*, Albrecht / *Schmidt-Assmann*, Eberhard: Grundgesetz für die Bundesrepublik Deutschland, Loseblatt, München, Stand Dezember 1989.

Mattner, Andreas: Sonn- und Feiertagsrecht, Köln 1988

– Sonn- und Feiertagsschutz auf dem Gebiet der ehemaligen DDR, AuAR 1991, 9 ff.

May, Matthias: Die verfassungsmäßige Zulässigkeit der Bindung von Außenseitern durch Tarifverträge, Frankfurt a.M. 1989

Meik, Frank Andreas: Der Kernbereich der Tarifautonomie, Berlin 1987

Meisel, Peter / *Hiersemann*, Walter: Arbeitszeitordnung, 2. Aufl., München 1977

Meyer, Wolfgang: Arbeitgeber und Betriebsrat, Stuttgart 1976

Moll, Wilhelm: Der Tarifvorrang im Betriebsverfassungsgesetz, Berlin 1980

Müller, Gerhard: Arbeitskampf und Recht, Wiesbaden 1987

Münch, Ingo von: Grundgesetz - Kommentar, (Herausgeber); Band 1: 3. Aufl., Frankfurt a.M. 1985; Band 2: 2. Aufl., München 1983; Band 3: 2. Aufl., München 1983

Pätzold, Eva: Seit 3. Oktober: Neue Rechtsgrundlagen für die AZO, AuAR 1990, 277 ff.

Palandt: Bürgerliches Gesetzbuch, 50. Aufl., München 1991

Peters, Hans / *Ossenbühl*, Fritz: Die Übertragung von öffentlichrechtlichen Befugnisse auf die Sozialpartner unter besonderer Berücksichtigung des Arbeitszeitschutzes, Berlin und Frankfurt a.M. 1967

Reuter, Dieter: Umfang und Schranken des gewerkschaftlichen Zutrittsrechts zum Betrieb unter besonderer Berücksichtigung der Seeschiffahrt, ZfA 1976, 107 ff.

Richardi, Reinhard: Kollektivgewalt und Individualwille bei der Gestaltung des Arbeitsverhältnisses, München 1968

– Verkürzung und Differenzierung der Arbeitszeit als Prüfsteine des kollektiven Arbeitsrechts, NZA 1985, 172 ff.

– Grenzen industrieller Sonntagsarbeit, Bonn 1988

– Betriebsratsamt und Gewerkschaft, RdA 1972, 8 ff.

Rieth, Horst: Die Steuerung unternehmerischen Handelns durch Tarifvertrag, Freiburg im Breisgau 1980

Röhsler, Waldemar: Die Arbeitszeit: Arbeitszeitregelungen für Arbeitnehmer unter Einschluß der gleitenden Arbeitszeit, Berlin 1973

Schaub, Günter: Arbeitsrechts-Handbuch, 6. Aufl., München 1987

Schmidt-Bleibtreu, Bruno / *Klein*, Franz: Kommentar zum Grundgesetz für die Bundesrepublik Deutschland, 7. Aufl., Bonn-München-Neuwied 1990

Schneider, Michael: Streit um Arbeitszeit, Köln 1984

Scholz, Rainer: Der allgemeine Arbeitszeitschutz im System des geltenden deutschen Rechts, Würzburg 1967

Schüren, Peter: Neue rechtliche Rahmenbedingungen der Arbeitszeitflexibilisierung, RdA 1985, 22 ff.

Stahlhacke, Eugen / *Bachmann*, Bernward / *Bleistein*, Franzjosef: Gemeinschaftskommentar zum Bundesurlaubsgesetz, 4. Aufl., Neuwied und Darmstadt 1984

Stege, Dieter / *Weinspach*, Friedrich Karl: Betriebsverfassungsgesetz, 6. Aufl., Köln 1990

Stern, Klaus / *Schmidt-Bleibtreu*, Bruno: Verträge und Rechtsakte zur Deutschen Einheit, Band 2, München 1990

Ulber, Jürgen: Sonntagsarbeit und technologischer Wandel, AuR 1987, 249 ff.

Unterhinninghofen, Hermann: Für ein soziales Arbeitszeitrecht, AiB 1988, 27 ff.

Wagenitz, Thomas: Die personellen Grenzen der Tarifmacht, Frankfurt a.M. 1972

Wlotzke, Otfried: Zum Regierungsentwurf eines neuen Arbeitszeitgesetzes, NZA 1984, 182 ff.

Wohlrabe, Hans Martin: Das Recht der Sonn- und Feiertagsbeschäftigung und der Wandel der Zeit, GewA 1988, 54 ff.

Zachert, Ulrich: Neue Entwicklungen zu Tarifautonomie und betrieblicher Mitbestimmung, NZA 1988, 185 ff.

– Die Sicherung und Gestaltung des Normalarbeitsverhältnisses durch Tarifvertrag, Baden-Baden 1989

Zmarzlik, Johannes: Arbeitszeitordnung, Heidelberg 1967

– Zum Entwurf eines Arbeitszeitgesetzes, NZA 1987, Beil. 3, S. 15 ff.

– Zur Neuregelung des Arbeitszeitschutzes, DB 1985, 2349 ff.

– Gesetzlicher Rahmen für Wochenendarbeit, NZA 1989, 537 ff.

– Zur Zulässigkeit industrieller Sonntagsarbeit, RdA 1988, 257 ff.

– Jugendarbeitsschutzgesetz, 3. Aufl., München 1985

– Entwurf eines Arbeitszeitgesetzes, DB 1984, 1881 f.

Zöllner, Wolfgang: Arbeitsrecht, 3. Aufl., München 1983

Zwickel, Klaus: Vorwort b. Reinhard Richardi, Grenzen industrieller Sonntagsarbeit, 1988

FSC
www.fsc.org
MIX
Papier | Fördert gute Waldnutzung
FSC® C083411

Kolibri 360 GmbH
Ferdinand-Jühlke-Straße 7
99095 Erfurt, Deutschland
produktsicherheit@kolibri360.de

Druck:
CPI Druckdienstleistungen GmbH
im Auftrag der
Kolibri 360 GmbH
Ferdinand-Jühlke-Str. 7
99095 Erfurt